易經今說

老典籍 新視角 新認識

段建華 著

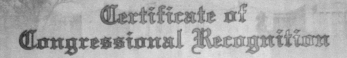

美國國會致作者段建華先生的表揚狀

目　次

序言：文化的魂

　　古老的《易經》，在當今學者，業者的辛勤耕耘中，成果卓著，日新月異。但是對大多數人來說，仍然有「敬而遠之」的感覺。本書的目的，就是要把她「拉近」到人們的身邊，把人類最久遠，最浩瀚的智慧結晶，普及到更多人的智慧中去，讓人類文明更美好。另外宋代蘇軾〈題西林壁〉中有云：「不識廬山真面目，只緣身在此山中」，啟迪我們：不僅要能走進《易經》，還要善於走出《易經》，看到其中的訣竅，這就是四個字「化整為零」。

　　李約瑟博士（1900～1995 年）是世界著名科技史學家，生物化學家。他是英國歷史上唯一一位既是英國皇家學會會員，又是英國科學院院士的科學家，他還是中國科學院首批外籍院士之一。他在〈中國科學技術史〉一文中問道：如果我的中國朋友們在智力上和我完全一樣，那為什麼像伽利略（1564～1642 年），牛頓（1642～1727 年）……這樣的偉大人物都是歐洲人，而不是中國人或印度人呢？為什麼近代科學和科學革命只產生在歐洲呢？……為什麼直到中世紀中國還比歐洲先進，後來卻會讓歐洲人著了先鞭呢？怎麼會產生這樣的轉變呢？

　　我認為，要回答這些問題，首先我們看看在那個年代，中國發生了什麼事。

　　在 1557 年，即明嘉靖三十六年，也就是伽利略出生的前七年，歐洲的葡萄牙人強行占領了中國澳門。十八年後在 1575 年即明萬曆三年，歐洲的西班牙人從馬尼拉進入中國，接著在 1606 年即明萬曆三十四年，荷蘭商船自爪哇進入澳門，以及 1637 年即明崇禎十年，英國船艦進入澳門，從而歐洲人進入中國的勢頭日益增長，不一一贅述。眾所周知，歐洲人來到中國，其主要任務是：帶來的

是西方技術和文化，主要內容就是商品，鴉片和傳教；拿走的是中國的財富和文化，主要內容就是白銀，文物和古籍。

　　例如德國的數學家，同牛頓並列的微積分的發明人萊布尼茲（1646～1716 年），他的父親是萊比錫大學的倫理學教授，他的私人圖書館就有豐富的，來源於傳教士的的中國古書籍，繼而促成萊布尼茲從小就在中國古書堆中，受中國傳統文化的薰陶，進而得以成立專門研究中國《易經》八卦的「中國學院」等等。

　　他所發明的微積分是將不規則的圖形切割成微小規則圖形，再疊加組合來認知不規則的圖形，即「化整為零」的原理，這正是《易經》的把每一個卦所表示狀態的運動變化，用六個爻變爻來分別確定的「化整為零」原理。而且《易經》的八個卦同萊布尼茲所發明的計算機二進制，即：000，001，010，011，100，101，110，111 二進制系統是大同小異的。更有甚者，微積分所採用的「S」型符號，竟同《易經》太極圖中的曲線也是一模一樣。可見萊布尼茲發明的微積分是直接受到《易經》八卦「化整為零」原理啟示的，或者說是將《易經》八卦移植到數學上的運用。

　　微積分如此重大的劃時代的發明，為什麼精通《易經》八卦的中國人不能順理成章地去發明運用它呢，而是這位肯定沒有中國人那樣精通《易經》字字句句讀本的歐洲人呢，這就是「不識廬山真面目，只緣身在此山中」一般，萊布尼茲正是以「山外人」獨特的視角和方法，抓住了《易經》的根本原理才發明了微積分，這個被抓住的就是《易經》「文化的魂」。這就是一個歐洲人能捷足先登地傳承中國文化魂的實例。

　　像這種取中國悠久文化中的智慧去拓展全人類文明的事例已是舉不勝舉。當然我們不反對專家學者全面地，引經據典地，頭頭是道地，一字不漏地學習，傳承文化，但是只精通它的文字讀本，總只是熱衷於咬文嚼字，倒背如流地啃書本，在書本內轉圈子，只知道做「山中人」不知道走出去，不知道它的文化的魂。就必然導致了李約瑟所質疑的上述問題的出現了。

　　當今世界還一致公認，中國學生考試能力是領先的，而創造能力卻是落後的。這就是死讀書，讀死書，抓不助「魂」的結果。我們要看到隨著時代的發展，知識的積累，文化量已經，並正在不斷地，大大地超過以往，如果不能提綱挈領地抓住文化的魂，去學習文化，那麼不變的每一個人的短暫的生涯，有限的精力再努力苦讀也難以跟上時代的需要。另外隨著電腦的發展，任何文化的具體內容，可以彈指瞬間獲得，所以只有真正能抓住文化的魂去學習知識，掌握知識，運用知識，才能改變李約瑟對「為什麼近代科學和科學革命只產生在歐洲」的疑問，造就中國的伽利略和牛頓。

　　文化的魂不是一知半解，斷章取義，而是完整文化的濃縮和結晶。就像陳壽在所著《三國志》中稱諸葛亮讀書是「觀其大略」，即掌握精髓；陶淵明則說，好讀書「不求甚解」即抓住要害。這也就是「要得天下的人，不去計較一城一池的得失」，會讀書的人，是去領會文化的魂。就拿《易經》八卦來說，它的魂就是「化整為零」去認知不確定性；依此除萊布尼茲能學以致用依此去發明微積分外，而諸多中國歷代《易經》大家有幾位能運用它去做出什麼呢？再看在儒學所講的「倫理道德」中，無論君君，臣臣，父父，子子等，它的魂就是「差異的和諧」。

　　這也是為什麼當今西方人想從孔子熱中尋找中國智慧，以應對繁雜世界的原因所在；諸如此類，如：西方文化的魂就是「理」，東方文化的魂就是「情」；拼音文字的魂是「序」，象形文字的魂是「態」等等。這些以「一言以蔽之」的精論，就是這些文化的文山書海，洋洋灑灑，長篇大論中的魂。

《易經》新概論

（一）《易經》的由來

因為我們人都有眼見為實的偏好，我們所能見到的與《易經》有關的實物和文字就是出土的公元前 1500 年商朝甲骨文裏，發現了「陽」跟「陰」兩個字，其餘並沒有別的發現。到了公元前 1100 年的西周時期產生了竹簡文的《周易》，而在 600 年以後，即公元前 500 年左右以孔夫子為代表的學者們所作的《易傳》，不僅是對已經難懂的《周易》進行了解釋，而且更是把在可見的文字產生之前，用不可見的方法，如風俗習慣，言傳身教，傳說神話等方式，傳承下來的《易經》知識，進行了文字記載。所以在《易傳·繫辭下》第二節有這樣一段飲水思源的記述：「古者包犧氏之王天下也，仰則觀象於天，俯則觀法於地，觀鳥獸之文與地之宜，近取諸身，遠取諸物，於是始作八卦，以通神明之德，以類萬物之情」。這就是說更早在公元前 2800 年以前，也就是距今近 5000 年的華夏祖先三皇五帝之首伏犧氏時代，就有《易經》八卦了，而且達到了通神明之德，類萬物之情，即：能通達對未知事物的認識，和認識已知事物的本質的水準。

那麼如此高精水準的《易經》八卦不可能是一步到位地達到這個水平，在它之前一定有個傳承和發展的過程。伏犧氏也不可能生來就有能「一畫開天」開創《易經》八卦的創舉，他也有一個學習，接受和傳承的學歷。他雖然不能有像愛因斯坦在發現相對論之前在瑞士蘇黎士工業大學那樣的學歷，但是他應該有孔子的「我非生而知之者，好古，敏以求之者也」的學歷，就是對以往的更古的《易經》初期知識有著極其愛好和極其敏銳地求學精神，才能集其大成。

　　而這些比伏羲氏更早的《易經》初期知識那就要追溯到人類原始時期了，即在此以前的一個更漫長的發展歲月。可以說，《易經》是伴隨著人類的產生而產生，伴隨著人類的發展而發展的。再說，《易經》的核心思想就是：以陰陽兩種元素的對立統一去闡述世間萬事萬物的變化。提到陰陽，對當今有些人來說似乎很古老，很玄虛，其實不然，之所以我們對陰陽視而不見，正像大文豪蘇東坡的名句，不識廬山真面目，只緣身在此山中，陰陽就在我們的身邊，而這個陰陽給人最大的印象就是白天與黑夜，最近的實例就是男人與女人，這是任何人都不能否認的事實。遠古如此，今天如此，將來永遠如此。人類的任何高科技時代都跨越不出陰陽兩種元素。每個人一生都在受著陰陽的影響，也都不以自己意志為轉移地自覺或者不自覺地，對陰陽有自己的感悟和心得，我們的祖先首先就是抓住了陰陽這個眼前的現實，以此認識世界，認識事物，並創建《易經》八卦，代代相傳，這是人類的本能和必然的作為，而人類對陰陽的感悟和心得也將不斷豐富和發展《易經》。

　　《易經》正是一部既用「物質文化方式」，又用「非物質文化方式」，被人類不斷豐富，不斷發展的，永無終止的，人類智慧結晶的巨著。

（二）《易經》的構成

　　《易經》就是以陰陽兩大元素為基礎，再以二進制的程序組合而成的八卦為支柱。講到二進制，我們就要提到十八世紀的德國哲學家，數學家，也是微積分和二進制的發明人萊布尼茲，他在給他友人的信中表述，當他見到古老的中國《易經》八卦時，驚嘆竟同

他發明的二進制一模一樣。二進制就是以一代表陽，以 0 代表陰，組合成：000，001，010，011，100，101，110，111 八種形式，正是《易經》八卦的坤，震，坎，兌，艮，離，巽，乾八個卦。我們知道二進制也是當今電子計算機的運算程序，可見《易經》的八卦不是無序的組合，而有深刻的科學內涵。

　　而後八個卦再按數學的排列組合，形成六十四種不同狀態，即二的零次方是一，代表太極；二的一次方是二，代表兩儀；二的二次方是四，代表四象；二的三次方是八，代表八卦，二的六次方是六十四，這就是六十四卦，以此形成了《易經》八卦的主體框架，像一座房子那樣，光有主體框架還不夠，還需加上建築裝修，再加上按陰陽這兩個元素所處在不同卦的不同位置上的不同解讀，即爻辭；不同卦的不同解讀，即卦辭；以及易傳；和歷代學者對《易經》八卦的解釋，論述和發揮，即易學，則組成了《易經》知識系統的學術聖殿。

　　這座聖殿不是空中樓閣，在它的基礎之下還有地基，就是大自然。如果說人類初期是《易經》原材料，構配件的備料階段，伏羲氏時代則是《易經》的主體框架施工階段，孔子時代則是《易經》的建築裝修竣工階段，以後的發展則是《易經》的不斷裝修出新的過程。從而使古老的《易經》永保青春，不僅保持著古樸經典，還展現著時代風采。

（三）《易經》的功能

　　做為中華傳統文化的源頭，華夏文明的根基，源遠流長，博大精深的《易經》對我們人類到底有什麼具體的功能呢？有人說「《易

經》」是本算命的書。這是以偏概全的不完整的說法。在〈易傳〉中繫辭上，第十節中有「子曰」一段文字，即：「以言者尚其辭，以動者尚其變，以制器者尚其象，以卜筮者尚其占」。明確了「《易經》」有包括算命在內的言，行，表，裏的四大功能。也就是「《易經》」的「修己」和「天道」兩大目標，即，一是「教育人生」，二是「認識世界」的言，行，表，裏這四大功能，言和行是針對人生的自我展現，表和裏則是事物的狀況和本質。

言者尚其辭

「言者尚其辭」就是一個人表達出的信息，包括語言，文章，博客等各種方式，應該是不僅詞句高雅，而且情真意切。這就是「以言者尚其辭」。反之就是不善。俗話說「一句話把人說笑了，一句話把人說跳了」，這就是言者尚與不尚的效果。據《英國每日郵報》最近報導，德國耶拿大學著名心理學家懷斯博士運用許多現代研究方法研究痛苦對人的影響，取得重要的結論：就是語言和文字對人的痛苦影響遠比人們想像的要大的多。而這個遲來的結論，早已是中國人的共識了。中國人素來有報喜不報憂的傳統，這就是「尚其辭」，但這裡的不報憂也不等於隱瞞「憂」，而是採用「善意的謊言」來應對。例如，在一個憂患事件發生後，往往是把心理疏導做為前導，做為緩衝，以降低憂患衝擊的力度。讓憂患得以軟著陸，從而達到既表達憂患又保護人們心靈的雙贏。這就是中西文化的差異之處。對一件同樣的「事」，西方重事實，東方重事「情」，到底是講事實好，還是講事情好呢？無是無非，無褒無貶，這只是不同的地域，不同的生態，而造就的不同展現，這正是「橘生淮南則

為橘，生於淮北則為枳」，這也是中國傳統文化形成的價值觀在華夏兒女身上的烙印。

動者尚其變

「動者尚其變」，就是一個人的舉止行動，包括方法，措施，決策等各種舉動，應該是變化發展，因地而異，因時而異，與時偕行的，而不是靜止呆板的。我們都有出差和旅游的經驗，一旦出門都要做衣食住行上的準備，以應對外地外環境的變化，這就是「動者尚其變」。我是南京人，曾經試圖把南京的特產菊花澇移植到美國，結果是枝葉長出來了，但一點也不好吃，只有承認失敗。這就是不懂得一方水土養育一方人和「動者尚其變」的教訓。再拿語言來說，聽懂的外語，就可以去分享外地外語中的喜怒哀樂和各類信息，聽不懂的外語也會成了讓人痛苦的噪音。只有「動者尚其變」老老實實地學習外語，才能在異地自由生存。在當今地球村時代，人類互動頻繁，只有「以動者尚其變」因地而變，因時而變，入鄉隨俗，到什麼山上唱什麼歌，不張冠李戴，既不強加也不盲從，隨時隨地而變，才能讓地球村和而不同，既和諧共融，又豐富多彩。

制器者尚其象

「制器者尚其象」的器就是器物，包括自然物和人造物，世界上一切事物的表象，其自然天成，相互間既協調又制約，不僅各展其像，而且共生共融，恰到好處。這就是「以制器者尚其象」。試想如果在迪士尼樂園裏建一家化工廠，那將是格格不入的。包括近期的墨西哥灣漏油事件和對環境造成的巨大污染，以及近日東日本

大地震和引發的核電廠污染等，都不是「制器者尚其象」了。我們的老祖宗早在 2500 年前就把今天的環境協調，生態平衡等熱門話題用「制器者尚其象」展現在人類面前了。但是這並不是否定人造物，人本身就是自然造就的，人的創造性也是自然所賦於的，人就是大自然的一部分。重要的是要通過「制器者尚其象」這個天然和人造之間的橋樑，就能使自然與人造共融，共通，例如中國的蘇州園林中的景觀，幾乎都是人造景觀，多數是假山假水，但是「雖為人造，宛如天成」，這就是「制器者尚其象」的典範。現在所倡導的仿生學，人體工程學，美學等，諸如椅子靠背做成曲線狀，等更人性化的設計製作，也是「以制器者尚其象」的深化和細化。眼下風靡世界的「世界工廠」，「中國製造」，雖然其中不盡人意的器物時有出現，但是其主流是不能否認的，既然能被稱作「風靡」，這就是不爭的事實，這也是「制器者尚其象」在新時代的新展現了。

卜筮者尚其占

「卜筮者尚其占」，卜筮就是算命，尚其占就是要精準。似乎這個功能在今天不適用了，其實卜筮算命在那遠古的時代是研究事物本質的初級手段，在當時的時代可以算是高科技了，它和當今時代的高科技同樣的重要，但不能相提並論，所謂縱向看發展，橫向比高低，我們總不能把今天的比爾蓋茨同 5000 年前的伏犧氏相比較誰高誰低，他們都是他們所處的那個時代的精英。有資格與比爾蓋茨相比的只有我們這些同代人，當然是相形見絀，望塵莫及了。而「卜筮者善其占」的「卜筮」和「善其占」是用和體的關係，這就像一棵以「認知事物實質要精準」為根系的科學發展大樹一樣，

卜筮算命是這棵樹上最初的枝葉和果實，而今天這棵科學發展大樹枝繁葉茂，果實累累，諸如手機，電腦等，都是這棵樹上今天的碩果。但是我們要看到任何果實都是短暫的，而永久不變的則是它的根系。即「認知事物實質要精準的」道理是永恆不變的，澆水要澆根，今天我們在講經說易，就是在為科技發展之樹的根系進行灌溉。科技在進步，《易經》更明白，可見，上述《易經》的「語言優美，行為隨和，生態平衡，科技進步」四大功能是同今天不但息息相關，而且迫切需要，是毫不過時的。

三

《易經》上經
三十卦：
如何認識事物

　　《易經》八八六十四卦中，上經所講的三十卦，是揭示自然界及其所有事物的規律，即「天道」。在浩瀚的宇宙時空中，無數自然事物，大到太空天體，小到微生物體，都是在恰如其分的自然狀態下運動，變化，互動，存亡。這也是宇宙自然而成的運行規律。

（一）第一至十五卦：認識事物的表象與互動

　　「天尊地卑，乾坤定矣」。這是站在地球的立場上，以人自身的視角，對宇宙，天地，大自然的描述和定位……所謂「尊」和「卑」，沒有好壞，是非之分，只是各自特點的名稱。

　　「尊」是第一「乾卦」濃縮的卦意，它有如啟動的引擎，以充實，完美和近乎永恆的原動力，澤惠於天下，自強不息地引領著萬事萬物去共生共存，它有「動」無「安」，調控適當，惟慮極端，導致過剛而折。被稱作乾的「天」，或今天稱作的「宇宙」，是萬事萬物得以存在的根本，萬事萬物都是宇宙的造就和呵護。任何類似這般起主導作用的人，事，物，如領導，主管，及其法律，規章，都是「乾」的體現，而「自強，澤惠和不極端」是它的關鍵。

　　與「尊」遙相呼應的「卑」，是第二「坤卦」濃縮的卦意，它有如沉靜的載體，厚德載物地提供給萬事萬物能共生共存地舞臺。所謂「大地，我的母親」，就是對這種柔情，撫育和默默承載的認定。它的安穩和靜態，是流淌著猶如「搖籃」般的母愛。提供了展現千姿百態的舞臺。我們要像對待母親般的珍惜自己的舞臺，這個舞臺，可以是大地，環境，地域，國度，場合等一切載體。

　　萬事開頭難，從開天闢地到創業成家，都要屯集能量，蓄勢待發，以圖破繭而出，才有草木萌動，萬物始生，這就是第三「屯卦」

的卦意。在困難中囤積力量，應該是兼收並畜，來者不拒，有錢屯錢，有力集力。所謂「窮學生」就是在缺錢時屯集的是知識。這種在憂患中深謀遠慮的屯集是多方面的。

初生牛犢不怕虎，生來乍到，蒙昧無知，摸爬滾打，挫折教訓的積累，是孕育成功之母，堅持不懈，以不變應萬變，這就是第四「蒙卦」的卦意。稚嫩的起始，是旺盛的生命力和麻煩與事故的綜合體。這種面臨險情的主體是根本原因，客體是必然的條件。惟有坦然自若地面對，毋須怨天尤人。

萬事具備，只欠東風，離成功只有一步之遙，既需要等待天時地利人和，還需要「點火」一般的擊發，不棄，不離，廣泛需求，收能吸養，這就是第五「需卦」的卦意。這種待時而進的狀況，最忌諱半途而廢，功虧一簣。時機的需求，既是自然的等待，也需人為的努力，就像用「人造雨」來解決旱情一樣。

萬物生存，各顯其能，但物競天擇，優勝劣汰，其間相互的碰撞，磨合，以及引發的是非口舌，紛爭訴訟，此起彼伏。這就是第六「訟卦」的卦意。而卦象是天下著雨，勢必抑制了正常的活動，阻隔了相互的交流，不要抱怨自己的優勢不能發揮，真實的自我是客觀存在的事實。

團結就是力量，這種能量的組合，智慧的聚積，體現於集團，連鎖，同盟，聯合，兼並等組合中，其目的就是興師動眾。這就是第七「師卦」的卦意。而卦象是地下有水，就是當今時髦的礦泉水，它是最優質水的聚集和儲藏，推而廣之，我們以往不注意的地方，往往應該是關注焦點的聚積地方。

在人流，物流，信息流的互動中，如雨水潤土般的滲透交融，滋養輔助，相呼相應，至誠相知，友善共贏，親比無間。這就是第八「比卦」的卦意。要明白任何一個成功的案例，都是許多因素的合成，切忌孤立的取捨，更忌自命不凡，自以為是，這才能把握成功，持續成功。

無怨無悔，不畏各種壓力和阻力，用全力的付出，辛勞的奔波，順勢而進，不急不燥，積少成多，聚小成大，初有斬獲，這是第九「小畜卦」的卦意。而卦象是滿天風雲，猶如上級的批評，外界的壓力，如果順風而動，就可以聚阻力成動力，化不利為有利。

反之聽天由命，則事與願違。物質文明的提高，要有精神文明的加強，要遵紀守法，循規蹈矩，禮貌待人，切忌誤履「禁區」，在警覺中毫不猶豫地前進。這就是第十「履卦」的卦意。

而見利忘義，偏見固執，是是非與麻煩的根源。面對是非與麻煩要在偏見與失禮上找原因。生意興隆通四海，財源茂盛達三江，上下貫通，小往大來，儲蓄有餘，規範有序，百業興旺，國泰民安，這就是第十一「泰卦」的卦意。

取得這種大好的局面的根本原因，猶如天地交換了位置，就是既要像天一樣地「降尊從賢」，又要像地一樣地不「妄自菲薄」。把自己的優勢歸功於周邊的一切。人無千日好，花無百日紅，有上山就有下山，物極必反，上下閉塞，事不順暢，肯定的少，否定的多。這就是第十二「否卦」的卦意。而卦象是天在上，地在下，各就各位，單打獨鬥，老死不相往來，也就是，主觀自以為是，不問客觀現實的片面思維，這是失敗的根源。

面臨低迷的蕭條，衰退的危機，切忌孤僻，要為人友好，廣交朋友，四海之內皆兄弟，一視同仁，共謀大業。這就是第十三「同人卦」的卦意。俗話說，一個籬笆三根椿，一個好漢三個幫。要把自己的成功，與別人的成功捆綁在一起，把自身的發展與別人的發展齊頭並進，才能同心同德，共存共贏。

花香蝶自來，月明星自亮，自助人助，萬物所歸，滿天霞光，有富有貴，應有所有，大有受益，大有前途。這就是第十四「大有卦」的卦意。這種大有，不是小有，是全面的有。既有錢，有勢，也有德，有禮。既有勇，有謀，也有剛，有柔。是一個陰陽平衡的太極體。是綜合素質的展現。

退讓而不自滿，謙虛而知禮讓，時刻保持憂患意識，低調做人，謹慎從事，輕己重人，三省吾身嚴自己，推心置腹待他人。這就是第十五「謙卦」的卦意。也是歷來被推崇的最高道德標準，卦象是山雖高，卻甘居地之下，這種謙卑禮讓，也是最具自信心的形象和舉措。

（二）第十六至三十卦：認識事物的內涵與進步

聲譽有口皆碑，影響如雷貫耳，操作得心應手，地位眾望所歸，一呼百應，萬事如願，有求必應，心想事成。這就是第十六「豫卦」的卦意。

這種如痴如醉的良辰美景，也是麻痺意志的誘因。歌舞升平的背後有頹廢，紙醉燈迷的暗處有隱憂。公眾的偶像，無數的「粉絲」，流言蜚語，如影隨行，誤會的辯解，真相的澄清，口舌言語，此起彼伏，相隨相從。這就是第十七「隨卦」的卦意。而卦象是上言下

動，就是所謂「口一張，手一雙」的言行一致。但其分寸是，要隨時而異，隨地而異，言行適度，相輔相成，才能揚長避短。

人上一百，五顏六色，人多口雜，眾說紛紜，離心離德，蠶食消耗元氣，腐敗導致險情，猶如蛀蟲肆虐，動搖根基。這就是第十八「蠱卦」的卦意。而卦象是山下起風，東吹西竄，難以順暢，摧枯拉朽，險象環生。惟有治理補強，才能巋然不動。

身體力行，事必躬親，踏實從我做起，親自參與一切，聚眾所長，身臨其境，面臨四方，必然會臨近自己的目標。這就是第十九「臨卦」的卦意。而卦象是地下有洞穴，就是有湧泉。這是許多旅游景點的特色，它把大千世界濃縮於一洞穴，也是拉近了浩瀚大自然的奧秘，得以面臨目睹的絕妙平臺。

近距離細緻地觀察，是掌控一切的最好辦法，有如和風吹撫大地，「掃描」一切地形地貌，看天文，觀地理，察人情。這就是第二十「觀卦」的卦意。觀察調研是為了瞭解實情，懲罰告誡是為了設教化，布施慰問是溫暖人心，是非分明，虛實並進，剛柔相濟，既轟轟烈烈，又扎扎實實。

要想通達目標，就像要嚼碎美食一樣，細嚼慢咽，切忌囫圇吞棗，焦急蠻幹，然而誘惑驅使，急功近利，欲速則不達。這就是第二十一「噬嗑卦」的卦意。而卦象是火雷交加般的人心激動，雖「緩」，而有深度；似「慢」，而有力度。打黑除暴，抑惡揚善，拔釘子，啃骨頭，開創新局面。

人靠衣，馬靠鞍。裝飾和美化伴隨著人類生活。而且是外表和內涵的同步，是既有美麗的形象，又有高尚的心靈。這就是第二十二「賁卦」的卦意。而卦象是山下藏火，這是能量的儲存，就像煤，

石油，天然氣的蘊藏。這種沒顯露的財富，沒施展的能量，使人既有愉快的內涵，又有亮麗的外延。

富庶的當今，減肥是治療過度反常營養的辦法，捨棄享受，放下身段，甘願吃苦，削脂損肉，精兵簡政，回歸正常。這就是第二十三「剝卦」的卦意。而卦象是高山附地般地向弱勢群體傾斜。有如劫富濟貧，除暴安良，讓弱勢得以崛起，也像巾幗成為英雄。

一陽復起，萬物始生，這種復興，恢復，反復，總是周而復始地伴隨著人類社會，惟有泰然自若，奮鬥不息，這就是第二十四「復卦」的卦意。而卦象是地下藏雷，這既是地震的寫照，也是靜思和悶氣的狀態。對事對人都不是好的現象，但這又是客觀事實的存在，惟有因勢利導，才是上策。

理想不是妄想，不切實際的妄想是失敗的根源，得意不能忘形，失意最要無妄，一心踏實耕耘，才能實現理想。這就是第二十五「無妄卦」的卦意。而卦象是天下雷行，有如晴天霹靂，突發意外隨時會出現，領導的批評，違章的懲罰，無端的曲解，既要坦然面對，又要防範未然。

愚公移山，面對困難，信心滿滿，力排非議，集結努力，增收節支，收畜能量，前赴後繼，毫不氣餒，埋頭苦幹。這就是第二十六「大畜卦」的卦意。而卦象是猶如登山可以綜觀天下，知己知彼，掌握全面，高瞻遠矚，爭取希望。面對大的障礙，做大的等待，大的積蓄，也是大的充實。

外強中乾，外實內虛，是危機的先兆，只有停息操勞，思慮，加強維護，保養。這正是：忍口氣風平浪靜，退一步海闊天空。這就是第二十七「頤卦」的卦意。頤養天年的養生之道，不僅是健康

美食的品嚐，而且是真情實意的享用。這種內外兼顧，虛實相彰的調節控制，就能化險為夷，轉危為安。

俗話說，出多大風頭，栽多大跟頭，過分的出頭，是危險的根源，諸如，小人挑重擔，低能力攬大任，差品質攀高位等。這就是第二十八「大過卦」的卦意。也只有大智慧，大能耐的大舉措，才能戰勝大風險，克服大困難，而取得大成功。

有道是，人生苦短，坎坷必然，天災，地震，海嘯，人禍，險難重重，不測意外，時時存在，惟有坦然自若，在坎坷中奮鬥。這就是第二十九「坎卦」的卦意。而卦象是兩水相輔相成，交流惠通。雖有重重困難，但以敏銳的思路，誠摯的互動，在波折中前進。

山窮水盡疑無路，柳暗花明又一村，光明絢麗，熱烈向上的展現，伴隨著變動，轉移，洗牌，裂變，等離變的過程。這就是第三十「離卦」的卦意。而卦象是兩火相重，猶如「一根樁上拴兩頭牛」，似乎財大氣粗，且有依托互助，實際是「同性相斥」，因此衝突紛爭此起彼伏，內耗不安。所謂：三十年河東，三十年河西，否極泰來，剝盡復始，人類社會就是這樣在起伏中發展，只要我們勝不驕，敗不餒，寵辱不驚，因時制宜，就一定有充實美好的每一天。

《易經》下經

三十四卦：

如何做人處事

　　《易經》八八六十四卦下經所講的三十四卦，是「做人處事」
之道。即「人道」。做為人，在宇宙中唯一的高級生靈，是如何既
要去安度各自的短暫一生，又要維繫代代相傳，正是下經所揭示的
變易和循環的規律。

（一）第三十一至四十七卦：做人的展現與影響

　　從古到今，以及在當代所謂「人人平等」的文明社會中，實際
上是存在著主，從和上，下的關係的。這是人類不可逾越的特點。
家庭中有長輩，晚輩；社會上有長官，平民。這就是「乾」、「坤」
兩卦描述的，「乾」居上，是主，是動，是主動自強不息的展現，
「坤」居下，是平，是靜，是平靜厚德載物的狀態。這種各就其位，
各事其事，上下通氣，主從有序的太平盛世，正是第三十一卦「咸
卦」的寫照。

　　這種既有差異又和諧共生的關係，當然以長期不變為好，這種
恆久的狀態，就是第三十二卦「恆卦」的卦意。事實上，任何一個
和平的時代，祥和的國度，興旺的公司，蓬勃的社團，乃至溫馨的
家庭都是恆卦的體現。講準確些，深入些，是這些人群組合中的基
本元素即每一個人恆正的體現。

　　但是任何人都不可能長生不老，持久不變。不可能永遠居上或
永遠居下，都要順從變化，從原來的狀態轉移，退遁。就像世界首
富比爾．蓋茨，在哈佛大學沒有畢業，就退學在先。當時無論他的
師長，父母，可能對他的舉動多數是失望的，其實這就是第三十三
卦「遁卦」的卦意。也就是我們長說的，把拳頭收回來再打出去，
更有力量。

暫時的低調，也是高亢的開始。第三十四卦「大壯卦」就出現了。

在如此氣勢如虹的發展中前進。無論是政治明星，科技明星，影視明星，體育明星等都是脫穎而出，大放光彩的，這就是第三十五卦「晉卦」的卦意。

但是在前進中，難免會受到傷害。當今世界所出現的弊案，醜聞，傷病等屢見不鮮的問題，正是接踵而來的第三十六卦「明夷卦」的卦意。明夷就是傷害，遇險，當然這是泛指的一切傷害。

任何人都不是神，受了傷以後首選的最好療養所就是家。美國明星州長阿洛在 2006 年聖誕節時滑雪摔傷後，即刻就回到家中。籃球明星姚明，也是受傷後回家。美國遠在伊拉克的傷兵，也都是歸國回家。第三十七卦「家人卦」這時就出現了。

不可諱言，再富有的家庭，遇到傷病的療養，都是增加的支出和負擔，不富有的人更是雪上加霜，窮困不堪，這是第三十八卦「睽卦」的卦意。

在人類社會中，窮是萬難之源。眼下的北朝鮮，不就是窮而災難連連，民不聊生嗎？這是第三十九卦「蹇卦」的內涵。

再深重的災難，也不會遙遙無期。歷史上任何災難的時代，世界上任何天災人禍，都有緩解的時候，這裡第四十卦「解卦」就出現了。

解困，不是天賜，也不是等待，而是捨得，是以舍在先，舍就是第四十一卦「損卦」的卦意。

在後面，當然就是得到了，即獲得收益，也就是第四十二卦「益卦」的卦意。可見，捨得，捨得，有舍才有得，這是條顛撲不破的真理。

得到的收益過多，也是會減少的。所謂物極必反，就像暴滿的水庫，決口，破堤，在所難免，這是第四十三卦「夬卦」的卦意。也就是衰退，破落的種種狀況。

它使人往往無可適從，疲於奔命，病急亂投醫，而又會事倍功半，這是第四十四卦「姤卦」的表達。

然而在這些忙碌中，同人，事，物的接觸會既多又頻繁，實際上就造成了一種聚集的狀態，這就是第四十五卦「萃卦」的卦意。

在我們周圍有很多社團和聚會活動，其中各類人才，各級身份的人都有。物以類聚，人以群分。在聚會中，每個人都有攀結自己上層的願望。所謂上層，不限定是官員，而更多的是知音和同行高手，以充實自身，提升自己，這裏就是第四十六卦「升卦」。

這種攀上，也是很辛苦的運作，耗神，耗時，耗財，不言而喻，必然會產生相應的困難和辛苦。第四十七卦「困卦」就出現了。

（二）第四十八至六十四卦：做人的行為與修養

在困境中，只能低調行事，採取保守的策略，就像沉入水井中那樣，偃旗息鼓，這是第四十八卦「井卦」的卦意。

但是人總是往高處走，水朝低處流。拘謹的收斂，總要釋放，棄舊圖新，用當今時髦的話講，就是改革。第四十九卦「革卦」的卦意就是如此。改革才能產生變化。

就像生冷的食物，難以入口，只有經過燒，煮，煎，炒烹飪後才成為可口的食物。我們的老祖宗就是首創用鼎煮物的辦法。所以也就用第五十卦「鼎卦」來解讀此卦意。在烹調中，為了達到最好的效果，當然由長者即年主持操刀為佳。

　　這種啟動的舉措，有動必然會振，震和動是必然的關聯。我們的祖先，在這裏就排上了第五十一卦「震卦」。振動總不會永遠，也有停止的到來，這是第五十二卦「艮卦」的卦意。在漢字中有艮的邊旁字，如：限，艱等，就是限止，艱苦的意思。

　　然而限止也會進入漸進狀態，那麼就是第五十三卦「漸卦」。

　　漸就是進，有前進就有歸來，這是反其道而行之。即第五十四卦「歸妹卦」，就有顛倒，違規及反其道而行之的內涵。

　　歸來的人，都能被視為上賓，被尊上大位。這種受寵若驚，盛大的狀況，也是豐富的象徵，這裏就是第五十五卦「豐卦」。

　　然而過大則會失形，就像一個有形無實，被扭曲了的人，與周圍都是格格不入，乃至失去了栖身居住的條件。我們許多返鄉故里的游子，不是都遇到過這種境況嗎？那麼只能在賓館旅居，這裏就是第五十六卦「旅卦」了。

　　旅是行的意思，旅行中要時而入室休息，第五十七卦「巽卦」就是入的意思。這是旅途中的暫停，是通而不達的卦意。

　　既來之，則安之，入室休息總少不了喜悅和迷人的談心，說話，這是第五十八卦「兌卦」的卦意。

　　口舌交流之後，各自散開歇息，這是第五十九卦「渙卦」的卦意。渙是解散，更動的意思。

　　這種停息的限止，應是自然的適度，這是第六十卦「節卦」的卦意。

　　然而這種適度的把握，應當是真心的舉措，也就是第六十一卦「中孚卦」的卦意，是誠信，守份的表現。

　　再高尚的心境，不可能是潔白無暇，難免的小過錯總會產生，這就是第六十二卦「小過卦」的卦意。因此，不可疏忽，防患於未然。

　　既然過錯，必然會產生亂象，而阻止了通達，第六十三卦「既濟卦」的，既就是終止之意，濟則是通達之意。既濟的卦意就是亂而不通。

　　但是亂必有治，亂而治來，這是第六十四卦「未濟卦」，未是開始的意思，未濟卦的卦意就是開始通達了，人生苦短，坎坷必然，周而復始，苦樂循環，人類就是這樣在大千世界中游弋繁衍而生生不息。

《易經‧繫辭》：
孔子對《易經》
解釋的今譯

　　《易經》中〈繫辭上〉與〈繫辭下〉的解讀。在此之前當代國學大師南懷瑾和徐芹庭曾有白話解讀，但在今天讀來已有深奧之感，故用當今更口語化的詞彙來解讀。而且遵照「易之為書也，原始要終以為質也」，此解讀是直接按原本《周易》一一對應解讀，以防止在解讀基礎上再解讀，而越誤越多的情況。

（一）〈繫辭上〉

1.〈繫辭上〉之宇宙演化論

　　天和地是宇宙的縮影，高貴和卑賤是位置的象徵，它們之間的運動和靜止是有規律的。剛勁和柔順是各自的特點。各方面都按不同的種類去組合，任何事物都按不同的群體去區分，表現出好和壞的結果。無形的是印象，有形的是狀況。變化是可以認知的。所以，剛勁和柔順相互關係以八條陰陽爻（即－和－－）的組合進行運動。雷電是震動，風雨是滋潤，時間是運行，冷熱是交替。天如同男人，地如同女人；天代表起始，地代表結果，天和地的寓意很明瞭。

　　《易經》應該容易認知，簡單的敘述便於操作。容易的認知則可以普及，容易的操作則可以有成效。普及的才可以持久，有成效的才可以壯大。堅持不懈的是有識之士的特點，蒸蒸日上的是有識之士的事業。簡單易行才是能普世的哲學，普世的哲學體現於宇宙。通過遠久八卦的含意與解讀可辨明是非，剛柔的互動產生著不斷的變化。所以好和壞的標誌是得和失的程度。反思和固執是產生憂患與否的原因，變化和運動是產生進退的根據，剛和柔的互動有

如白天和黑夜的交替。八卦中六條陰和陽的排列以及三條一組的組合，就形成了各種情況。所以，要對事物的本質進行研究，就像一個人首先需要有安定生活那樣有一個歸宿依靠。《易經》就是這種的依靠。而研究中的成果解讀，就像這個人在安居中得到了心得。這就是在靜態中研究事物的表象和特徵，在動態中研究事物的變化和規律。這是遵循哲理而正確無誤的做法。

八卦的組合有各自的表象，每一條陰和陽的互動產生變化，好壞的產生是得失的原因，後悔和固執雖然不是大毛病。但只有不斷彌補小過失，才能不出大錯。所以貴和賤是由地位平等與否而決定的。以及不同狀況同八卦的不同組合而定的。好壞是非是由卦辭解讀去確定，後悔和固執是由相互取捨而定。要想沒有過錯，是同後悔分不開的。所以八卦組合成不同狀況，八卦的解讀有好壞的內容，分別表達它的內涵中的哲理與實際的一致。因此能夠擴充原來僅以觀察而得到的認知，能夠更深層次地認知事物從起始到結束的變化全過程。通過生氣勃勃的物象和無聲無息的內涵變化，可以弄清自然規律與宇宙運動間的相互關係，所以不違背深入研究事物和宇宙的規律，而且不只是粗略旁觀，也不是盲目樂觀地去認知事物。

要深信有識之士的品德，他們能愛護自然環境，而不違背規律留下後患。白天和黑夜的交替規律是存在的，也是不能操控的。這就是陰和陽的規律。認識這一點是「真知」，遵循這一點是「灼見」。這也是有識者的「識」，有為者的「為」。普通人每日起居度日，很少能體會這些，只有有識，有為者才能弄清這些規律。倡導各種愛心，收斂所有貪婪，讓天下的事物都能自然，茁壯地發展，而沒有有識之士所擔憂的不好情況出現，這就是盛世美景的寫照。有豐

富的收益被稱作大事業，日新月異被譽為大發展。要不斷地成長靠
順應自然規律。如果，千姿百態的環境叫「自強不息」，那麼，順
應自然規律叫「厚德載物」。弄清其中數和理的規律，就是揭示實
質。所謂運動變化也是事物的自然狀況之一。對立統一的太極共
存，就是事物的本質。

這就是《易經》的博大精深，可稱之深不可測，但也是實至名
歸，昭示天下。用揭示自然規律而惠及眾生，揭示幽深的太空在運
動中起著創世作用，沉穩的地球在運動中衍生出無數的生靈。浩瀚
是宇宙的寫照，周而復始是一年四季的規律，陰陽的互動是日月的
造就，那麼《易經》的簡單易懂則是人類最大的幸運。

孔夫子論述說，《易經》的哲理，是啟迪人們去追求且遵循哲
理來拓展事業，同時明白重視去順應自然和保護自然。遵循自然規
律應該貫穿於人們活動之中，應以此作為行為準則。有識之士很清
楚，世界上所有事物的自然狀態是最佳的狀態，所以稱之為形象。
要按自然規律去認知自然的狀況，用貼切的解讀去評判事物的變
化。《易經》把八卦中的每一劃叫做爻，以此去正確解讀自然狀況，
遵循規律去研究事物的運動變化。面對現實地去解讀，研討評估之
後再行動。通過這種方法，去順應事物的變化。就像小鳥雖然看不
到老鳥，但聽到老鳥的叫聲，就會跟著去呼應。一個人的舉止同環
境的關係也應該這樣地去呼應協調。

孔子說，一個有識之士坐在家裏也能用真知灼見去啟示遙遠之
地的人們。反之，無識之徒也能因胡言亂語而誤導人們。一個人的
言論可以影響眾人，一個人的行為也可以波及周邊。一個人的影響
力涉及到左右，周圍的好，壞，優，劣。這種廣泛的影響，使人們

不可以不謹慎，其所能誘發周邊的喜，怒，哀，樂。孔子說，有識之士無論身處何地無論言論與否，都要同其他人同心同德，那麼，他的論述才既美妙又實用。例如，某日某人在使用草木，孔子說，要正確地，沒有過錯地去對待它。雖然它是草木，也要謹慎從事。草木雖然普通，但也是生物，謹慎地去對待它，達到物盡其用。這就是既要勤勞又要細心地使用物品，才有好的結果。孔子說，勤勞而不濫伐，才是正確的，好的做法。講這件小事重要，這是要讓更多的人能接受的比喻。好的表達方式是用尊重和謙卑的方法來表述事情的重要，越重要越要謹言。孔子說，不自大，不高人一等，甘居在下位，才是主動的謙卑，像對待自己家庭那樣細心，不要出現過錯。孔子還說，混亂的產生，是言語的不慎。上級不謹慎，就失去下級，下級不謹慎就失去自己，所有的事都不謹慎，就鑄成錯誤。所以，有識之士以慎重重從事，就不會出錯。孔子說，懂《易經》的人，就知道防範。

　　《易經》指出，錯誤和疏忽會導致危機。錯誤是無知引起的。當然疏忽是有識之士偶然會有的。無知和疏忽使危機出現，就像濫伐草木那樣的結果。謹慎可以防止錯誤，三思才能杜絕疏忽，這就是《易經》防止錯誤的辦法。

2.〈繫辭上〉之宇宙本體論

　　推演「勾股弦定理」中，3，4，5 的平方和是「大衍之數」50。它是在一個面積為 49 的正方形中得到的，其中有四個面積為 12 的長方形和剩下的一個面積為 1 的正方形。這就形成了「天圓，地方和人中」的天地人三才。在整個大正方形中有四個相等的直角三

角形。在從 1 至 10 的十個數中，有 1，3，5，7，9 五個奇數和，2，4，6，8，10 五個偶數，五個奇數相加得「天數」25，五個偶數相加得「地數」30，而 25 加 30 得「天地極數」55。這就是數理變化，而體現的規律。在乾卦中，經過三次變化後，得到占卜的 36 根草，乘以每個卦的 6 爻，得 216；在坤卦中，有 24 根草乘以 6 得 144，那麼乾和坤兩卦中總的草根數是 216 加上 144，就是 360 根。最終陰陽兩爻得到的總根數是一萬一千五百二十根。這就是《易經》可以分析萬種事物的由來。

所以，由四根爻來代表的數，其總和組成易數，陰和陽兩爻按三根一組，組成八種形式，這就是八卦。把八卦引伸組合，就可以表示所有事和物，並揭示其實質，由此以掌握規律，去預測萬事萬物。孔子說，知道變化的規律，就能掌握事物的實質。《易經》因此就有了四大功能。即：使語言優美真切，使行為變化發展，使形象自然和諧，使內涵規律明瞭。這就使人們有遵循的目標，有行為的準則，使似乎沒有任何迹象的未知事物，也可以認知。沒有高深的學識，怎麼能成為這樣的造詣。採用變幻無序的數來表示宇宙的本質，從而以確定事物的狀況。當然如果沒有宇宙規律的啟示，誰能知道這些數字和道理。沒有思考，就沒有作為。一個人通過思考，雖然靜而不動，也可以通過靈感與宇宙規律溝通。沒有同宇宙規律呼應，就不能達到認識事物的目的。所以，《易經》的學者如要想深入研究，惟有不懈的努力，才能真正瞭解宇宙。唯有歷代人類的積累，才知道要順應宇宙，去把握宇宙的規律，以事半功倍地去實現人類的理想。

孔子說的《易經》四大功能，就是為了達到這個目標。奇數 1，3，5，7，9 代表天，偶數 2，4，6，8，10 代表地。孔子說，《易

經》是誰作的呢？是所有以研究事物的本質和探尋宇宙規律為己任的人。所有這些人以探索宇宙為志向，以認識宇宙為事業，用以解答世間的各種疑問，並把天地的運動規律積累於《易經》中。用六條陰陽符號，即六爻來表達《易經》的意義。同時用作人們的自我反省與修養，與人們同甘共苦，以弄清事物的來龍去脈為指南，使人們把智慧積累於其中。古代的聰明武士從來不殺人，這是因為他們明白世間的炎涼，並且體察人民的甘苦。用祭祀來懷念祖先，用供奉來表達崇敬，以此來充實自己的品德。《易經》中的坤就像關門，乾則像開門，一開一關就產生變化，開關反復不停，就是通達。能看見的叫現象，有形狀的叫器物，製造和使用叫效法，按照變化而變化叫作神。這是最高的水準。

　　事物的實質是：固有的統一體，其中有相互對立的兩個方面，這兩個方面在相互運動中，分別有老陰，少陰，老陽，少陽四種物象。這些物象的運動產生了八卦。按照八個卦的兩兩組合，就可以判斷事物的本質和規律了。按規律行事才是真正的事業。天下最大的物象就是太空和地球。最大的運動變化就是春夏秋冬四季的交替。最大的可見形狀是太陽和月亮。最大的崇高理想就是富庶和珍貴。宇宙是一切事物的源泉。有識之士對所有可見和不可見事物的研究的目的，是要能夠決定世界興衰。其優劣的探討，就是用遠古的草棒和龜甲等原始方法開始。歷代有識之士按宇宙的變化找規律，比對宇宙的現象來搞清對人類的影響。從遠古的河圖洛書，到《易經》中的太極，兩儀，四象，八卦，再到後人的解讀，來啟示如何確定好壞，達到準確的判斷。

　　《易經》說，最好的條件，是天的護佑，這樣就沒有不好的情況出現。孔子說，護佑就是幫助，天的幫助，就是要順應自然規律。人的幫助是信用，有信用就是順應規律。所以有識之士是順應規律而無往不勝。孔子說，文章有敘述不完的內容，內容包含表達不完的意思，其中融入很多仁人志士的心得。孔子還說，有識之士從表象表達涵義，用八卦啟示吉凶。後人的解讀，是呼應變化運動，哲理溶合其中，把《易經》同宇宙相聯繫，共存共生。沒有宇宙就沒有《易經》，沒有《易經》宇宙和一切事物都難以認知。所以，形而上叫做規律，形而下叫做事實，轉變和分化叫做改變，推進與執行叫做通達。有利人民的舉措叫做事業。就是有識之士既看見事物的表象，也瞭解事物的內涵。不只是看到事物的運動，也看到事物的變化。

　　用對《易經》的心得，作為行動的指南和審視事物的工具。《易經》中每條陰陽的不同組合，展現了萬事萬物的表象，而《易經》的解讀則揭示了事物運動變化的內涵。按此行事，既精準又明瞭，《易經》用沉默無聲的哲理，而起著撼天動地的作用。

（二）〈繫辭下〉

1.〈繫辭下〉之宇宙形態論

　　《易經》八卦的形成，把各種事物的形象表達在其中，用重疊的橫線條爻，組合在一起。相互剛柔的互動變化也蘊藏在其中。解讀的文句中揭示著深刻的內涵。好與壞，謙遜與卑劣，相互運動。剛健和柔順是基礎，變化和溝通是時間，順利和坎坷是感受。宇宙

的規律是觀察的結果。太陽和月亮的運行是光明和黑暗的根源，宇宙的運動是始終如一的。天給人是平易近人的映像，地給人是簡單明瞭的感覺。

所以，八卦中橫線條爻，也是這樣給人平易簡單的啟示。所謂表象就是直接的印象。八卦中物象的運動是在內部，好壞的結果表達在外部，其功能和作用在變化中，而有識之士的情懷在解讀中。宇宙最大的作用是「創生」，有識之士的最大作用就是「定位」。如何信守位置叫做「仁」，如何聚集人氣叫做「財」，而善理財富，端正言辭，杜絕民間不法行為，叫做「義」。遠古伏羲氏祖先，向上觀察天文，向下觀察地理，觀察動物，植物和地形地貌，從近距離研究自身開始，到遠距離研究所有事物，以此創作了《易經》八卦，用來瞭解宇宙規律和掌握事物本質。

把繩子編結成網，用來捕魚為食。用火烹飪，是「離」卦見到光明的啟示。伏羲過世後，神農氏用木製農具耕種並推廣天下，是「益」卦有翻挖而得的啟示。而設立集市，以物換物，各得其所，是「噬嗑」卦的圈內有物的啟示。神農氏過世後，皇帝堯舜氏用變化和互通，使社會生機勃勃，因勢利導，讓人民受益。當出現走投無路的情況時，需要變化，變化後就能通達。變化運動是永恆的，這樣按宇宙規律行事是不會失誤的。

皇帝堯舜氏身體力行，治理天下，是受乾坤即天地規律的啟示。用木材造船，開發交通，遠近交流，有利天下，是「隨「卦的眾人跟從的啟示。把重疊的關卡撤除，迎來天下的客人，是「豫」卦拓展繁榮的啟示。用木棍在地上的洞中，搗錘加工物品，使人們得益，是「小過」卦的明物在隱蔽中運動變化的啟示。用弧型木材

做弓，用直木做箭，用弓箭產生威力，這是「睽」卦變難成的事而成的啟示。原始居住的野外洞穴，進化為梁柱頂蓋的殿堂，是為了避風擋雨，這是「大壯」卦的盛大而中空的啟示。遠古殯葬是用木材火化，不埋，不立碑，一直陪伴世人，後來改進成棺木埋葬，這是「大過」卦的陰中包陽，入土為安的啟示。遠古在繩子上打結，記錄時間，後來發展成用紙張書寫文字記錄，以及設官員管理眾人，這是「夬」卦一陰率五陽，以小搏大的啟示。

所以，「易」是《易經》的總體，而陰陽爻的組合是《易經》的實質內容。事物是按宇宙的規律運動，而產生吉凶好壞的結果。陽的卦中有陰的內涵，陰的卦中有陽的內涵，這是為什麼呢？因為陽卦是單數，陰卦是雙數。這裏面包含的特性是，陽是一個將軍兩個兵，官少兵多是正常狀態；陰則是兩個將軍一個兵，這就是不正常狀態。《易經》指出，憧憬和嚮往是一種思維。孔子說，天下的思維歸結是一致的。如果要思考天地是什麼，可觀察日月如梭，交替循環，而帶來了光明。寒暑往來，周而復始，就產生了歲月。委屈和信任時而有之，就帶來了利益。蚯蚓的彎曲是為了伸展，蛇龍的冬眠，是為了來春。關注真理是為了實踐，謹行慎為是表示品德。認知過程中有「知」，有「不知」，不斷地求知，才可以達到最高的境界。

《易經》說，困難的家庭，沒有妻兒是困苦的。孔子說，之所以被困，是名聲被玷污，之所以潦倒，是身處危險中。這是頻臨衰亡的時期，當然難養妻兒。《易經》說，獵手養的獵鷹很珍貴，能擁有它就能得益。孔子說，獵鷹是飛禽，弓箭是武器，獵手是人。獵手隱蔽弓箭，等待獵物，最後得到了成功。有舉動不代表一定有

收穫。言語也可看著象弓箭那樣的武器，要待時而說。孔子說，有過錯的人是不知恥，不仁義，不畏怕，不俠義，不得益，不威嚴，不自責。小的懲罰促使大的反省，這是有過錯的人的福氣。《易經》比喻，就像鞋子可以保護腳一樣，沒有疑問。這也是說，不積累行善，是不會成功的，同時，不積累罪過，也不會被懲罰的。有的人有時也做一點好事，這是沒有效果的。只有不犯罪過，才是避免懲罰的做法。並且積累的的罪過，不可以隱瞞，也不可以解脫。這就是《易經》所說的，為什麼不可化解。

孔子說危險時要求得安全，滅亡時要求得生存，混亂時要求的治理。所以，有識之士是：安定中不忘危險，生存中不忘消亡，治理中不忘混亂。這樣不僅人身安全，而且國家安定。《易經》指出，生存和消亡也像植物一樣地循環。孔子說，有人品德低下想地位高上，能力小卻想幹大的事，弱的力量想挑重的擔子，這就會像植物一樣被枯萎了。《易經》指出，鼎斷了腿，就倒了下來，一個人不檢點就會犯錯誤，難以去擔當任何事。孔子說，有識之士的本質是：對上負責，對下勤勉。為了下面而不失職，明白處事的分寸，因行為而產生的好壞結果，事先就搞清楚了。應該是先思考而後做，天天如此。

《易經》指出：一個人每天象石頭那樣沉穩自然，那麼每天的處事待人就可以恰如其分了。他們明白保守和開放，柔順和剛健的把握，這是人們所期望的。孔子說，有一個姓顏的兒子去世了，他平常沒有做不好的事，其原因不去瞭解就不會知道，知道了不去深入搞清也沒有用，像這樣無效地反復去做，也不會有結果。《易經》指出，不深入多次地探究，就沒有正確的結果。天地間的事物象釀

造美酒一樣能發酵變化，也像男女間的精華，可以繁衍後代。《易經》指出，三個人同行，最終會失去一人，而一人獨行，則可以遇到同伴。這裡的得和失都是「一」，但實質不同。孔子說，有識之士是先安定而後行動，先思考而後說話，先交往而後求教，做到這三條，就完善了。不好的行為得不到支持，不好的言語得不到呼應。沒有交流互動而想求得什麼，是不可能的，想不勞而獲是不可能的。《易經》指出，不要壓抑和放縱思考，就不會長期出現不好的狀況。

2.〈繫辭下〉之《易經》結構論

孔子說，《易經》為我們開啟了認識天地的門。陽和陰的表示就是天和地，陰和陽的互動，使陽剛和陰柔融為一體。反映了天和地狀況和運動變化的規律。無數世間事物都可以考察它們的分類和歸屬，都可以用《易經》來揭示和考證。以此出於細微和幽深之處，去展現事物。其分辨，定位和解讀具備。有簡明的名稱，深入的分析。因此，含義深遠，文辭修飾，恰到好處，沒有贅述，有利普及，而且明確得失取捨。

《易經》的興盛始於中古時期。而《易經》學者有憂患意識，是履行道德的基礎，這就是「履」卦；實施道德的工具，是「謙」卦；復興道德的根本，是「複」卦；保持道德的一貫，是「恆」卦；損傷道德的修復，是「損」卦，弘揚道德的推手，是「益」卦；歪曲道德的狡辯，是「困」卦；貶低道德的剋星，是「井」卦；漠視道德的制約，是「巽」卦。履行和順可以達到謙卑，尊重細心可以辨別事物。不厭其煩，恆心堅持，先難後易，增長充實，在困境中

求通達，在遷徙中去弘揚，在豐碩中不自滿，用和順表達謙卑，用克制堅持信念，使自己保持恆心。單一的辦法無濟於事，久遠的災害作為警惕，沒有抱怨地去弘揚，意義分明地去推行。

《易經》作為典籍，不可以脫離規律和事物的運動變化。在八卦的六條爻上，它的變化無常，剛柔互動不會停止。只有通過在變動中去瞭解事物的規律，通過破析內部和外部，掌握事物本質，以明確憂患意識。雖然沒有保護人，也像似父母那樣，諄諄教導我們去把握方向。掌握典籍，可使人生不虛此行。《易經》作為典籍，最原始的讀本是最重要的，八個卦和六條爻是最根本的。當初的創建一定是非常困難的，在創建出來的《易經》中也記載了它的本末。從最初創建到成文，對萬事萬物的辨別分析都在其中。這就是事物的運動變化，存亡吉凶，使坐在家裏也可以通過《易經》與解讀去瞭解很多。

2 和 4 都是偶數，只是位數不同，2 有讚譽的意思，四有恐懼的意思，2 離起始近，有柔順的意思，4 個相對較遠，就有不利的意思。要沒有過錯，在 2 和 4 中宜選用柔順的 2、3 和 5 個同是奇數，也是位數不同，三有凶險的意思，五有功德的意思。在高貴變化為低賤中，柔順反而不好，剛健可以戰勝低賤之邪惡。《易經》做為典籍，應為廣大人民受用。其中有天的規律，人的規律，地的規律。這就是天，人，地，三才。八卦中的六爻變化，表示了天人地三才的運動。所以說爻和爻之間有不同的內涵，物和物之間有繁雜的區分，其解讀的意思也不同，所以吉凶好壞就產生了。

《易經》的興起，是在商朝的殷代之末，周朝開始盛行，圍繞當時文王和紂王的事。在八卦解讀中，對有危機的事物採用平易近

人的方法，使舊統治傾倒，但是百物不廢，很謹慎地過度，才不會產生失誤，這也是《易經》揭示的道理。八卦中乾代表剛健，意義平恆，啟示是不忘危險。八卦中坤代表和順，意義也是平恆。它的簡單明瞭啟示，是要知道隱患。《易經》能解讀心思，能研究疑慮，所以能洞察天下吉凶好壞，能促成天下欣欣向榮。所以變化不是壞是，表象可以知道狀態，分析事物能知道它的發展。在天地即宇宙的規律之下，有識之士可以分析人，事，物等一切問題。《易經》八卦就是以表象結合解讀辭，用真情來敘述剛柔等各種對立統一狀況，通過運動變化來談吉凶好壞，以感情中愛恨情仇相交融而產生吉凶好壞，用遠和近的因素來談反省和固執，以感情中真真假假而產生利害衝突。凡是有親近的關係，相互抵觸則危險。有反省的是好事，而固執，急燥和誣衊，則會理屈詞窮。

六

用遠古的人文基因，還原《易經》八卦圖

　　為什麼要探究《易經》八卦圖，因為這個圖給人的印象太深刻了，幾乎超過了《易經》所有的文字，甚至還被很多平面設計家稱之為最久遠的，最有寓意的，最完美的圖案。那麼這個被稱作「先天八卦圖」：

　　與「後天八卦圖」：

是完美無缺的嗎？帶著這個問題，在現代基因工程理論的基礎上，通過運用遠古的「人文基因」，即「易繫辭下」記載：「上古結繩而治，後世聖人易之以書契」。其意就是，人們最早是用繩索打結的辦法來記事的，後世的聖賢用文字取而代之，當時「大事大結其繩，小事小結其繩」，繩結是非常神聖的，對當時的社會和生活起過重要影響和作用。依此終於還原出了「結繩先天八卦圖」：

使它成了基因工程在物質世界普遍應用的今天，在人文學科上也得以首次應用成功的嘗試。正如法國實證主義哲學家，社會學家孔德關於堅持統一的科學觀，即認為社會同自然並無本質的不同，沒有必要在自然科學和社會科學之間作出劃分。

　　被稱作八卦之源的八卦圖，其應用過程簡述於下：據載，最早見到八卦圖的是宋代華山道士陳摶，至於他得於何處，已不可考。但之後傳承是根據《易學象數論》記載，是下列順序，即：陳摶→種放→李溉→許堅→範諤昌→劉牧《易數鉤隱圖》→邵雍《皇極經世》→周頤敦《太極圖說》→朱熹《周易本義》等。朱熹是在晚年因為沒見到太極圖，但聽說流入西蜀一位隱者手裡，就請蔡季通，入蜀尋訪，才在一位篾翁手中尋到。另外，在 1977 年，在中國安徽阜陽雙古堆的西漢汝陰侯墓出土了更古的「太乙九宮佔盤」，上面排列的八卦與前述傳承的版本完全一致。這就肯定地確認了八卦圖是易學的重要載體。

　　按唐代孔穎達述注說，伏羲氏有天下，龍馬負圖出於河，遂法以畫八卦，即先天八卦。按宋代邵雍《說卦》說，帝出乎震的論述，則產生於周文王時代，即後天八卦。先天八卦與後天八卦兩者的太極圖形相同，只是標注的八卦順序不同。先天八卦圖表示卦的結構，後天八卦圖表示的是卦的狀態。其中圓內的的「S」形設計，讓我們不能不驚嘆其深刻的「太極生兩儀」此消彼長，循環互動的內涵，但是後面「兩儀生四象，四像生八卦」的演變和結果，都是用加注的八卦符號來表達，圖形似乎給人有欠缺之憾。甚至不符合沒有文字符號遠古時代的質疑。

　　清代易學家江永，為了補強八卦圖，另闢蹊徑，設計了八卦橫圖：

把兩儀生四象和四像生八卦，不用文字符號，僅用橫圖也表達了出來。但是最不理想之處是，橫圖不能表示天地圓的形狀，僅是八卦生髮的橫向表示。因此長期以來，易學研究者還是沿襲圓形的先天與後天的八卦圖。這裡還原設計的結繩八卦圖就是按照遠古伏羲時代尚沒有沒有文字的歷史條件下，而有「結繩記事」的傳說和記載，模仿蜘蛛結網的仿生學，編結中國結，在上面布設陰陽爻的太極，四象，八卦的表達。也就是用這些所謂的人文基因，終於還原設計出了結繩八卦圖（見結繩八卦圖——原型）。

　　他沒有文字符號，而後美化變形就僅用圓形完整的表達出了：易有太極，是生兩儀，兩儀生四象，四像生八卦，可以說還原了沒有文字的遠古時代的先天八卦圖。這裡要說明的是，太極中不是的「S」形，這是認為的「S」形是後人在太極生兩儀內涵深入發掘而設計出來的，這固然很妙，但同時也阻礙了下面對兩儀生四象，四像生八卦生髮過程的表達。導致只能加上後世創造的文字符號來加以補充。這也不可能是原創沒有文字時代先天八卦的真面目。按遠古的結繩記事基因，還原的結繩先天八卦圖，雖然不是遠古創始者的直接傳承，但是是遠古時代的合情合理的表達方式的再現。解決了八卦圖不能完整表示《易經》八卦二進制生髮過程的缺憾，同時

也印證了台灣師範大學曾仕強教授關於「卦」就是掛起來的，對卦的解說。

　　而後再在結繩八卦圖的基礎上，按平面設計的要求對它進行整理，美化，變形，就產生了僅用圓形完整的表達出了：易有太極，是生兩儀，兩儀生四象，四象生八卦的「21 八卦圖」：（如下圖）

　　為什麼稱作 21 八卦圖呢，因為它產生在二十一世紀的今天，並且 2 有陰的含意，1 是陽的象徵。

《易經》的「模糊哲學」

（一）理念的提出

　　自從二十世紀七十年代隨著電子計算機的普及而發展出的模糊數學，對於工業熱，電等無形的能量的不明確系統控制作出了極大的貢獻。「模糊數學」也可以說是對人腦無法完成的非常大計算量微積分的電腦計算，它們的基本原理就是「化整為零」，即化不確定的整體，為零碎的「確定微粒」，再組合成確定的整體。而《易經》則是我們的祖先為了對不明確的人和事，遠達宇宙太空，近到人類自身，進行研究而率先創建的即今天所定義的，化整為零的「微積分」或「模糊哲學」。

　　「模糊哲學」是個嶄新的概念，如果上網去搜尋，內容較少，僅有「難得糊塗」，「大智若愚」等「模糊哲學」的體現。而在《易經》八卦的原理上，「模糊哲學」和「模糊數學」更是有異曲同工之妙的展現，這就是利用陰陽此消彼長，互動變化的模糊邏輯，描述萬事萬物的生髮過程和因地，因時而產生的不同狀態。《易經》的「模糊哲學」內涵，就是在研究中的「確定」和「不確定」之間，有一個從量變到質變的過程，通過對每個爻的具體定位，去確定運動變化的不確定性。其中的「Ｓ」型的形太極圖是這個模糊理論的形象表示，而其模糊理論的模型，就是卦中的爻，即它通過八卦的兩兩排列組合形成的 64 卦，以及六個爻的運動來解析任何人或事，從而獲得合理的結論。例如「乾卦」的 6 個變爻就是：初九潛龍勿用，九二見龍在田利見大人，九三君子終日乾乾夕惕若厲無咎，九四或躍在淵無咎，九五飛龍在天利見大人，上九亢龍有悔。這六爻，即六個層次的變爻就是對「乾卦」不確定其間不同程度的確定表述，也就是模糊哲學的應用。

現舉例解讀如下。乾卦的解讀在原本周易乾卦辭有 995 個字，但歸納成四個字，就是「自強不息」，它是一種精神，用今天的語言來解讀也是四個字，就是「動力引擎」，它是一種應用。對六爻的分別解讀用動力引擎最貼近我們的事例，就是駕駛汽車。我們一一對應於下：

初九：潛龍勿用——首先：啟而不動

九二：見龍在田，利見大人——第二：現車在路，符合法規

九三：君子終日乾乾，夕惕若屬，無咎——第三：司機始終
　　　不懈，警惕安全，無事

九四：或躍在淵，無咎——第四：行駛暢通，無阻

九五：飛龍在天，利見大人——第五：飛車在路，符合法規

上九：亢龍有悔——第六：超速有降

用九見群龍無首吉——用車引擎層次不亂吉

首先，駕駛汽車是點火啟動，但是汽車不能開動，也就是對應初九：潛龍勿用。這裏的龍就是動力的象徵。第二步：現車在路，符合法規，汽車要出現在路上，要符合相關的法規掌控和指導，例如：車要有牌照，人要有駕照；車要有保險，人不能酒駕；車要有年牌，人要系上安全帶，等等。這就是對應九二：見龍在田，利見大人，大人就是一種掌控和指導。第三步：司機始終不懈，警惕安全，無事。這是每一個司機的必須具備的駕車心態，是駕車的軟條件，即軟件。也就是對應九三：君子終日乾乾，夕惕若屬，無咎。這裏的終日乾乾，夕惕若屬就是時刻小心警惕的象徵。第四步：行

駛暢通，無阻。前面是軟件，這裏就是硬件。汽車做為現代的交通工具，可以講已經是盡善盡美，可以前進，可以後退；可以上坡，可以下坡，甚至還可以跳躍，可以跨越；雜技中還可以飛車走壁。可以說是暢通無阻。也就是對應九四：或耀在淵，無咎。這裏的或耀在淵就是高難度的象徵。第五步：飛車在路，符合法規。汽車在各方面條件都具備的情況下，飛馳在道路上，這時候不能只顧去體味風馳電掣的快感，而且也要符合相關的法規掌控和指導，例如：不能超速，不能闖紅燈，注意路況等。這就是對應九五：飛龍在天，利見大人。這裏的飛龍就是高速度的象徵。第六步：超速有降，就是超速違章了，要吃罰單，動力要降下來。油門踩到底了，使引擎也會損壞，要降下來。也就是對應上九：亢龍有悔。這裡的亢就是過分，悔就是收斂的象徵。綜上所述，用車引擎層次不亂吉。以上的六個層次在不同的階段，分別有不同的作用，無所謂哪一步重要，哪一步不重要，它們是在不同的階段起著不同的功能，不分主次，不分首末。這才是吉利的。也就是對應：用九見群龍無首吉——這裡的群龍無首就是各負其責，不分主次的象徵。試想如果動力引擎沒有以上六個方面的控制，而像電燈開關一樣，開了就動，關了就停，那麼汽車將無法使用。

由此可見，乾卦的六個變爻，把無形的，不確定的引擎動力，化整為零，成為得以確定的掌控，這就是《易經》的奧妙所在。而《易經》的其它六十三卦也是如此這般的把六十三種運動變化的不確定性狀態，通過變爻化整為零而得以確定。

另外，模糊哲學在現實中也被重視，據美國《洛杉磯時報》報導，在今天美國的學校中，教師在學生對某一事件的贊成和不贊成

的表決時，已不再是簡單地用舉不舉手表示贊成和不贊成兩個極端的表決了，而是在贊成和不贊成之間列出象六爻的若干層次，分別標列出不同的贊成和不贊成的因素，讓學生選擇與對號入座，這樣就可以更準確地歸納出學生的意願。這種模糊哲學的應用似乎也將會對以表決，公投為標志的民主制度提出更科學，更精準的標竿。「模糊哲學」也將對我們經常遇到的「好壞，對錯，是否，勝負，正反」等，兩個極端之間揭示了一個更細化的認定過程。當然這個過程越細化就越精確，這早也就是《易經》八卦的原理六十四卦中每個卦的六個變爻，都是把不確定的整體，化整為零，形成零碎的確定組合，而得到動態的平衡，也是模糊哲學的體現，也就是《易經》的根本原理。在當今生活中這種應用，不僅不是過時的，甚至還是領先的。

（二）應用方式

　　《易經》對企業風險管理的啟示這裡說的「企業」一詞，可以涵蓋每一個獨立存在的主體，既可以像宇宙般的龐大，也可以向微生物那樣的渺小。其實質就是把每個獨立存在的主體，都看著是一個太極體，其內涵有此消彼長的既對立又統一的陰陽兩儀。在企業中或這個獨立存在的主體中，就是機會與風險這兩個對立面。機會與風險是相伴共存的，不停互動的。任何一個獨立主體的掌控者都力圖把握機會去追求向主體利益相關方面提供價值。同時竭力去消除風險，讓其獨立主體達到最佳狀態。但是機會與風險的不確定性，則給獨立主體的控制者，為增加利益相關方面價值的努力，提出了嚴峻的挑戰。運動中的不確定性可以增加價值，也可以破壞價值。

　　那麼如何有效地應對機會與風險的不確定性，趨吉避凶，為主體的掌控者增進創造價值的能力，這就是為人們所重視的企業風險管理議題。實踐證明，不確定性可以通過「感性的比對」和「理性的解析」來進行預測求證，這也是風險管理的根本。所謂感性比對，就是《易經》所稱的「易理法」，是通過大量的實例與知識的積累，直接進行參照比對，去認識不確定性。而理性解析就是《易經》所稱的「易數法」，是把客觀存在的信息，數據，通過解析運算，而推導出不確定性的原形。絕大多數人在確認不確定性中，是採用感性比對的方式。就是通過自身的學識和經驗形成的印象去得出結論。這種方法是就事論事的，被動的，膚淺的，因而是不理想的。

　　那麼用理性解析的方法來認識不確定性，則是通過主動的預測，得出恰如其分的結果。至於人們習慣稱之為算命也好，占卜也罷，但能把握不確定性，從而把握機會與風險的運行軌跡，是人們非常希望的。這就是所謂「模糊哲學」。下面用實例來說明如何用理性的解析來確認不確定性。

　　例一，有一個不確定的圖形，它沒有任何迹象和預知啟發我們對它的直接認識。但是採集到它的信息是 3，4，5 三個數字。那麼我們針對是「圖形」這個範疇，就在諸多的圖形解析公式中篩選，發現有一個公式 X 平方加上 Y 平方等於 R 平方，恰巧符合 3，4，5 的代入，即 3 的平方加上 4 的平方等於 5 的平方，也就是 9＋16 ＝25。那麼通過 X 平方加上 Y 平方等於 R 平方是圖形「圓」的方程，就可以確認這個不確定的圖形是「圓」了。這就是《易經》上說的「物生而後有象，象而後有數」的逆運算，即從數推出象，再推出物。

　　例二，在 2009 年美國總統大選中，當共和黨總統候選人馬坎和佩林，以及民主黨總統候選人歐巴瑪和拜登兩組競選組合形成時，如何確認這兩組勝負的不確定性呢（在這裏暫不涉及其它因素的研究）？我們首先找出了他們四個人所擁有的共同信息類別就是「年齡」。在年齡的數據上按《易經》再分類，馬坎屬於老父，即象徵天的「乾」卦，數為一；佩林屬於長女，即象徵風的「巽」卦，數為五，他們組合而成的重卦「1，5」叫「天風姤」。另外，歐巴瑪屬於中男，即象徵水的「坎」卦，數為六；拜登屬於長男，即象徵風雷的「震」卦，數為四，他們組合而成的重卦「6，4」叫「水雷屯」。由此可見，有「起始」之意的水雷屯即歐巴瑪組合一定戰勝有「顛倒」之意的天風姤即馬坎組合。在《易經》六十四卦中，包括以上兩卦，它們的風險與機會的內涵，列表闡述於下（附表一）：

序號	重卦	卦名	卦象	卦義	機會	風險
1	（11）	乾為天（111 111）	上乾下乾	純陽剛健	圓豐	硬脆
2	（88）	坤為地（000 000）	上坤下坤	純陰厚道	通順	暗止
3	（64）	水雷屯（010 001）	上坎下震	雷至水奮	起始	混屯
4	（76）	山水蒙（100 010）	上艮下坎	山下有險	朦朧	患隱
5	（61）	水天需（010 111）	上坎下乾	陰雲在天	求需	艱險
6	（16）	天水訟（111 010）	上乾下坎	天下大雨	論爭	官非
7	（86）	地水師（000 010）	上坤下坎	地下積水	合眾	暗謀
8	（68）	水地比（010 000）	上坎下坤	地上流水	相應	滲透
9	（51）	風天小畜（110 111）	上巽下乾	天上起風	強健	濟養
10	（12）	天澤履（111 011）	上乾下兌	實中有缺	禮儀	慎行
11	（81）	地天泰（000 111）	上坤下乾	錯位更動	通泰	宏大
12	（18）	天地否（111 000）	上乾下坤	定位固止	閉塞	隔陽

13	（13）	天火同人（111 101）	上乾下離	日掛中天	親近	曠達
14	（31）	火天大有（101 111）	上離下乾	日麗無炎	富有	助收
15	（87）	地山謙（000 100）	上坤下艮	地中藏寶	謙虛	克己
16	（48）	雷地豫（001 000）	上震下坤	地起雷	馳名	安樂
17	（24）	澤雷隨（011 001）	上兌下震	言行一致	相隨	說議
18	（75）	山風蠱（100 110）	上艮下巽	山阻風困	不通	腐惑
19	（82）	地澤臨（000 011）	上坤下兌	地下有泉	光臨	親撫
20	（58）	風地觀（110 000）	上巽下坤	風掃地面	追求	體察
21	（34）	火雷噬嗑（101 001）	上離下震	口中有物	激亢	磨嚼
22	（73）	山火賁（100 101）	上艮下離	山下有火	美飾	愉悅
23	（78）	山地剝（100 000）	上艮下坤	高山附地	剛陽	剝落
24	（84）	地雷復（000 001）	上坤下震	一陽復起	復興	亨通
25	（14）	天雷無妄（111 001）	上乾下震	天下響雷	意外	空想
26	（71）	山天大畜（100 111）	上艮下乾	登山俯視	蓄蘊	順奉
27	（74）	山雷頤（100 001）	上艮下震	外實內虛	頤養	靜止
28	（25）	澤風大過（011 110）	上兌下巽	外虛內剛	翹曲	顛倒
29	（66）	坎為水（010 010）	重坎純卦	陽陷陰中	陷險	坎坷
30	（33）	離為火（101 101）	重離純卦	炎上明麗	外絢	內離
31	（27）	澤山咸（011 100）	上兌下艮	柔剛相濟	實體	開口
32	（45）	雷風恆（001 110）	上震下巽	雷動風散	反復	漸恆
33	（17）	天山遯（111 100）	上乾下艮	天下有山	超脫	隱匿
34	（41）	雷天大壯（001 111）	上震下乾	雷行於天	強壯	極傷
35	（38）	火地晉（101 000）	上離下坤	日昇平地	晉升	上進
36	（83）	地火明夷（000 101）	上坤下離	光明入地	晦陰	傷殺
37	（53）	風火家人（110 101）	上巽下離	風火燎繞	同人	團聚
38	（32）	火澤睽（101 011）	上離下兌	火燃沼澤	異志	源短
39	（67）	水山蹇（010 100）	上坎下艮	高山流水	待發	見險
40	（46）	雷水解（001 010）	上震下坎	雷雨交作	澤潤	解脫
41	（72）	山澤損（100 011）	上艮下兌	山高澤深	始衰	毀損
42	（54）	風雷益（110 001）	上巽下雷	風雷交加	始盛	增益
43	（21）	澤天夬（011 111）	上兌下乾	飛雲天上	決斷	結束
44	（15）	天風姤（111 110）	上乾下巽	天下起風	招搖	紛紜

45	（28）	澤地萃（011 000）	上兌下坤	地上有塘	美悅	集聚
46	（85）	地風升（000 110）	上坤下巽	木生於地	成長	上升
47	（26）	澤水困（011 010）	上兌下坎	水落塘底	不順	危困
48	（65）	水風井（010 110）	上坎下巽	木桶入井	滋養	慎憂
49	（23）	澤火革（011 101）	上兌下離	火煮水鍋	更新	變化
50	（35）	火風鼎（101 110）	上離下巽	木助火旺	化堅	不順
51	（44）	震為雷（001 001）	重震純卦	重雷疊致	大振	三思
52	（77）	艮為山（100 100）	重艮純卦	山山相連	不動	克制
53	（57）	風山漸（110 100）	上巽下艮	山上種木	有序	漸進
54	（42）	雷澤歸妹（001 011）	上震下兌	澤上有雷	回歸	悅動
55	（43）	雷火豐（001 101）	上震下離	雷電交作	盛大	衝動
56	（37）	火山旅（101 100）	上離下艮	山上有火	外居	欠安
57	（55）	巽為風（110 110）	重巽純卦	柔上加柔	隨風	和順
58	（22）	兌為澤（011 011）	重兌純卦	愉悅疊見	快樂	悅說
59	（56）	風水渙（110 010）	上巽下坎	水上起風	渙散	分離
60	（62）	水澤節（010 011）	上坎下兌	塘澤水滿	止奢	節儉
61	（52）	風澤中孚（110 011）	上巽下兌	風撫塘面	誠信	相感
62	（47）	雷山小過（001 100）	上震下艮	山廣雷小	有誤	隱險
63	（63）	水火既濟（010 101）	上坎下離	水火相感	終極	臨反
64	（36）	火水未濟（101 010）	上離下坎	火水不交	未成	續進

　　按照以上機會與風險的解讀，那麼如何運用它去確認不確定性呢？再列表於下（附表二）：

管理內容	採集目標	運用措施
企業戰略決策預測	時間，地點，掌控人	八字，風水，姓名
項目投資分析	名稱歸屬	五行
合作決策分析	相互制約	五行，姓名產品
市場銷售分析	時間，地點，客戶	八字，風水，五行，姓名
人力管理分析	綜合評估，重點破析	太極，姓名

「五音配五行」在名稱中的拓展

　　《易經》中的五行說，即金木水火土，是歸納宇宙中的萬事萬物規律而形成的嚴密體系。是人類經過漫長歲月而凝聚的智慧結晶。從口授言傳到結繩記事直至形成文字，歷經萬年，已經成熟完善。在二十一世紀世界進入地球村，是各種語言廣泛交流的時代，如何把《易經》的姓名既名稱學運用到外文姓名和名稱的分析和預測中去，一直是困擾在《易經》研究中的難題。中文姓名中的數理，象形，寓意等諸多分析方法，幾乎無法在外文姓名中施展。

　　經過多年的潛心研究，驗證，獲得了突破性進展，在預測驗證的許多外文姓名人的「人際生克」關係，幾乎百分之百得到正確的驗證。所採用的方法，就是《易經》中的「五音配五行」。「聲音造物」可以追溯到很多宗教和傳說中的記載。《聖經》、《古蘭經》都說，世界是由上帝的一句話開始的，美國印第安的霍皮族和納瓦夥族的傳說，古代星象師可以對著土發聲造出圖形；印度教也說，看不見的宇宙之聲，能震蕩出幾何圖形，這些外國的史記同中國的《易經》論述不謀而合。

　　所謂五音配五行，就是把人的五種基本發音，定為五行中的金，木，水，火，土，從而推衍出相生相剋的關係，以斷其吉凶。五音是以唇音為水，牙音為木，齦音為金，舌音為火，喉音為土，而外文發音也無外乎這五類，因此只要把外文姓名中的姓拿出來比較發音之歸屬，就可以得出「生我，剋我，我生，我剋和比和」五中關係。也就是姓名人的關係狀況，如果同性，則用名字中的第一聲發音來比較，得出生剋關係，這樣就可以把所有人際關係一目了然了。例如：在上屆美國總統選舉中，是布希和克瑞兩人，而布希的「布」，是唇音，也就是水，而克瑞中的「克」，是舌音，屬於

火，那麼水剋火，則是布希獲勝，此何以簡單乃爾。再說在這次美國中期選舉中，可以講是屢證不誤，更有甚者，在許多員工，家庭，鄰里，法律等諸多人與人相互關係中，用此法比對，都得以驗證。

可以說，《易經》的「五音配五行」是中國古老《易經》走向世界，解決外文姓名既名稱學的最好辦法。當然在複雜的預測中，這只是一個層面的成果。一個準確的預測是由諸多因素決定的，這些還有待於《易經》傳人不懈地去研究，拓展。下面把一些預先驗證的主要案例列表於下（附表三）。

競選職務	中文名	英文名	英文姓	姓五行	結論	名五行	結論	結果
美國總統（2004 年）	布希 克瑞	George W. John	Bush Kerry	水 火	克			勝
美加州州長（2006 年）	裴爾 阿諾	Phil Arnold	Angdides Schwarzenegger	土 金	生			勝
副州長（2006 年）	約翰 湯姆	John Tom	Garamendi Mcclintock	土 水	克			勝
州務卿（2006 年）	黛布拉 布魯斯	Debra Bruce	Bowen Mcpherson	水 水	比和	木 水	生	勝
財務長（2006 年）	比爾 克勞德	Bill Clande	Lockger Parrish	木 水	生			勝
檢察長（2006 年）	傑瑞 查克	Jerry Chuck	Brown Pcochigian	水 水	比和	火 金	克	勝
保險委員（2006 年）	庫魯斯 司帝文	Cruzm Steve	Bustamante Poizner	水 水	比和	土 金	生	勝
主審計長（2006 年）	托尼 江俊輝	Tony John C	Strickland Hiang	金 火	克			勝

法國總統 （2007 年）		尼古拉 塞格萊娜 羅亞爾	薩科吉	金 木	克			勝	
俄羅斯總統 大選（2008 年）		安德列 費拉基米 爾 根納基 德米特里	柏格丹洛伏 日里洛伏斯基 久加洛夫 梅德維杰夫	水 金 火 水	生 克	比 和	土 木	克	勝
美國總統 （2008 年）	民主黨 初選	希拉里 貝拉克	羅德漢姆克林頓 歐巴馬	火 土	生			勝	
美國總統 （2008 年）	大選	貝拉克 約翰	歐巴馬 馬坎	土 水	克			勝	
美國加州特 別選舉 （2009 年）	西裔 美裔 華裔	熱夫 結爾 糾第 （美心）	納達爾 石帝洛 趙	木 金 金	克 克	金 火	克	勝	
美國麻州特 別選舉 （2010 年）	民主黨 共和黨	 斯科特	科克利 布朗	火 水	克			勝	
美加州州長 （2010 年）	布朗 惠特曼	Jerry Meg	Brown Whitman	水 火	克			勝	
副州長 （2010 年）	紐森 瑪爾多	Gavinnew son Abel	 Maldonado	木 水	 生			勝	
州務卿 （2010 年）	布恩 岱英	Debra Damon	Bowen Dunn	水 火	克			勝	
主審計長 （2010 年）	江俊輝 斯崔克	John Tony	Chiang Strickland	火 金	克			勝	
財務部長 （2010 年）	洛克爾 瓦爾特	Bill Mimi	Lockger Walters	木 水	 生			勝	

總檢察長（2010 年）	科涅哈瑞	Steve Kamala D	Cooley Harris	土 土	比和	金 火	克	勝
保險部長（2010 年）	瓊斯威廉斯	Dave Mike	Jones Villines	土 水	克			勝
教育部長（2010 年）	阿色夫托拉松	Larry Tom	Aceves Torlakson	土 木	克			勝

　　那麼在當今卻鮮有人去思考，驗證五行的新內容，新類別，其實當今世界的社會體制也像人的五臟般地，與時偕行地，在運轉著世界。這就是：社會主義，資本主義，封建主義，軍國主義，共產主義，簡稱為：社，資，封，軍，共，恰巧用五音相配而可以得到，社，屬於齦音的金；資，屬於牙音的木；封，屬於唇音的水；軍，屬於舌音的火；共，屬於喉音的土。社——金，生我的是土——共，即共產主義誘發社會主義；我生的是水——封，即社會主義誘發封建主義；我剋的是木——資，即社會主義抑制資本主義；剋我的是火——軍，即軍國主義抑制社會主義。資——木，生我的是水——封，即封建主義誘發資本主義；我生的是火——軍，即資本主義誘發軍國主義；我剋的是土——共，即資本主義抑制共產主義；剋我的是金——社，即社會主義抑制資本主義。封——水，生我的是金——社，即社會主義誘發封建主義；我生的是木——資，即封建主義誘發資本主義；我剋的是火——軍，即封建主義抑制軍國主義；剋我的是土——共，即共產主義抑制封建主義。軍——火，生我的是木——資，即資本主義誘發軍國主義；我生的是土——共，即軍國主義誘發共產主義；我剋的是金——社，即軍國主義抑制社會主義；剋我的是水——封，即封建主義抑制軍國主義。共——土，生

我的是火──軍,即軍國主義誘發共產主義;我生的是金──社,即共產主義誘發社會主義;我剋的是水──封,即共產主義抑制封建主義;剋我的是木──資,即資本主義抑制共產主義。

> 社會主義的金,猶如肺臟金,
>
> 在呼吸般地吐故納新,收放調控著世界;
>
> 資本主義的木,猶如肝臟木,
>
> 在造血般地養精蓄銳,創利豐富著世界;
>
> 封建主義的水,猶如腎臟水,
>
> 在排泄般地求同化異,倫理平衡著世界;
>
> 軍國主義的火,猶如心臟火,
>
> 在跳動般地輸血供養,應急推助著世界;
>
> 共產主義的土,猶如脾胃土,
>
> 在消化般地獲能取養,大同平衡著世界。

當前地球村的主導意義,就是:既要各取所長,即社會主義的控管;資本主義的市場;封建主義的倫理;軍國主義的武裝;共產主義的共享。也要避其所短,即為社會主義鬆綁;為資本主義設防;為封建主義平反;為軍國主義限量;為共產主義期盼,這是各種主義的取長補短,不單一,不極端,去把人類的智慧和諧共享,五種體制的功能和一切五行一樣,以均衡協調為佳,任何一行的偏激或者偏離都是世界的災難,極端的偏見既是愚昧的,也是危險的,就像人的五臟那樣沒有哪一個最好,最不好,五行均衡協調才是最基本的,最健康的。五種社會體制的功能共存互動,因地制宜,因時制宜,世界就是人類的天堂。

　　另外關於五種信仰，即佛教，道教，無神，耶教，回教的「釋、道、無、耶、回」；五種分工：「商、農、兵、學、工」；五種行業：「製造、農耕、服務、信息、供料」等也可以用五音配五行如下：

　　　　屬於齶音的金：——釋，——商，——製造，

　　　　屬於牙音的木：——道，——農，——農耕，

　　　　屬於唇音的水：——無，——兵，——服務，

　　　　屬於舌音的火：——耶，——學，——信息，

　　　　屬於喉音的土：——回，——工，——供料。

這些都是「五音配五行」在現代名稱中的拓展，它不是牽強附會，而是自然而然的造就，形成，有著深刻的內涵和啟迪。

劉伯溫之「鐵算盤」六十四卦今解

　　俗話說「三分天下諸葛亮，一統江山劉伯溫」可見劉伯溫精通易經，不僅如諸葛亮一般料事如神，而且學術並舉，成果卓著。他是明朝朱洪武皇帝建國和治國的「決策智囊，解惑良師」。他是易經發展中的里程碑人物，是把易經的理論與實踐相結合的優秀典範。他所解讀和應用的易經六十四卦「鐵算盤」被朱洪武皇帝評價為「朕甚珍之」的皇家寶典。

　　既然是「易經今說」，就要「與時偕行」，在「E」時代的今天，讓「易」同「E」共鳴共舞。呼應成輝，故不再重複傳統的「－」和「－－」陰陽爻表示方法，而是採用本文的序言，概論，和結語中有多次介紹的萊布尼茲發明的「1」和「0」陰陽爻表示方法，既便於橫向排印閱讀，又方便計算機輸入和迎合地球村。

1.乾

　　乾為天（111 111）當家做主之象，動力引擎之意。此卦是一向潛在的內力，得到了天時地利人和，要發揮之象。以往雖默默困難。但只是能量的積蓄，漸漸條件成熟，可以展現力量了。並且此卦是易中第一卦，所以是很尊重的卦。凡首領位重之人，或正直而平常對業務主動之人，佔此卦都很相宜。在身份平常或平日被動的人，乃是凶卦。所以得此卦之人，向來正直或熱心業務的，那便上面有人提拔，可得意外之成功，把它詳細判斷時：希望：所有的希望與西北之人或長上者一商量，這結果便佳。婚姻：覓婿宜乎早，求媳宜遲延。候人：戌日亥日或午日，當有消息或有信來。失物：西北尋，覓南方。疾病：凡腦痛，神經衰弱症，負傷外症，半年以上之長病，都很難治。旅行：有中途受傷之意，宜留心。生產：略

為難些，但不必擔心，當為男子。逃亡：在西北繁華之地。訴訟：談判等，宜盡行託付調停人，來得得策。買賣：時候不宜，應當中止，夏冬無利。市價：漸次下落。參考：（此乃白蛾仙人傳下來的抄本，特地載在這裏以備參考。可以與前面的判斷雙方對照，然後決定。）有求物之意，而不果。又有戀愛人之意，而不適。大體有名無實。日常的占卜頗吉。獨希望有憂苦。住所不安寧，如履薄冰。宜留心刀傷，留心色欲。宜防蒙人之難。有破財之兆。萬事有錯誤而迷惑。此卦進則當悔，退則百利。然遲滯又將失時。雖非求名謀事之類，穩密與人商量，便略為可以成就。遷移，兌，天時，晝晴夜雨。錢財，有勞苦而難成猜東西，是細小的東西，有花紋的東西，有時候的東西，曬乾的東西等。

變卦：初爻，天風姤。二爻，天火同人。三爻，天澤履。四爻，風天小畜。五爻，火天大有。六爻，澤天夬。

2.坤

坤為地（000 000）厚德載物之象，呵護資生之意。此卦現在正是沉靜收斂，深化本質的時候。從氣候說起來，真象冬天四面山上積著白雪，但氣溫還在下降，深化收斂。從人事說起來，是默默配合，不驕不躁，因此務求思想守一，心地寬大。忍辱負重，保駕護航，服務他人，反之則倒行逆施，反僕為主，貽害無窮。希望重新開始，業務擴張，及其它希望，急則反致損失。宜徐徐等候時候到來。又與西南的人商量，頗為得策。遷移旅行急則有害，延期為是。婚姻初婚兌，再婚不妨。候人卯未申日來，或有消息。失物急

則難出現。方向西南或北。疾病胃腸病，神經衰弱腦病或痔疾之再發等。所以不可不注意療養。生產有難產之虞，宜十分當心。逃亡去得不很遠，問婦女便明白。訴訟談判雖有理，急則必敗。買賣無利待時為宜。市價便宜，買則有利，漸次會高。參考雖有通達之意，又有動後變靜之意。損後有益，勞後有逸，乃吉凶相歧之卦。所以不可不順應著各事判斷。又有疑慮而不決之意。希望即使能成就也很遲，又會受人妨礙。猜東西時是有表裏的東西，磨擦有過的東西，有數的東西等。

　　變卦：初爻，地雷復。二爻，地水師。三爻，地山謙。四爻，雷地豫。五爻水地比。六爻，山地剝。

3.屯

　　水雷屯（010 001）開始起步之象，草木不寧之意。此卦恰如草在水中出芽，是個極勞力的時候。即草木在嫩葉時代，必須被風雨侵擾，這也相同。運氣不盛，所以有勞苦，有憂慮。又略為受一點兒損害周折，便成極大的障礙。然而能夠受過了風雨，生長起來，草木也幹枝會強固，一會兒就開花結實。今日的勞苦憂慮，反是後日喜悅的種子。所以不要這樣那樣的迷惑。應當順其自然，靜心等候時節到來。除此別無他法。把它分別判斷時：希望新事物開始及其它希望，有障礙，頗難急急成就，然而前途大有希望，可以等候時候到來。錢財有阻礙，難望急成。候人途中有障礙，不能急來，經過四數（即四日，四星期，四十日，四個月等）便有消息。婚姻雖是吉兆，很難一概斷定他，是吉，大抵很遲滯，這也與前同，須

經過四數，方可成就。遷居旅行有疾病或事業發生困難之害，還是中止的好。失物西或北方，在他物之下，不很出現。疾病是神經衰弱化柳症等，請東方，西方的醫生吉。逃亡雖去得不遠，非早些去尋，又有轉往他處之虞。生產雖是難產，可得男子。訴訟不能立刻解決，又商量調停的來得得策。買賣進行不利。市價根底雖強，人家對他的心很弱。參考如黑夜尋物，如沙中拾粟，有破財之兆，不可不慎。求財謀事之類，小事可成。一切宜守舊，勿妄動，自然得便宜。若單為自己或一味要用己意，都不成就。天時，陰雨有雷。猜物，是錢類結著的東西，下面用的東西，可以拿著走的東西，每用一次會損傷一次的東西。

變卦：初爻，水地比。二爻，水澤節。三爻，水火未濟。四爻，澤雷隨。五爻，地雷復。六爻，風雷益。

4.蒙

山水蒙（100 010）經驗不足之象，花蕾未開之意。此卦心不定而精神多迷惑。恰如旅行的人們，要越過大川而登山路，被雲霧遮了河道。應當往哪一條道路走，迷了方向呢。這也是同一意思，不論何事，自己一人的意思，既難定主張，要想與人商量，又找不到能夠幫助之人。一次倒還好，兩次三次這麼一想，因此迷惑起來。便誤入歧途，後來往往失敗呢。但是謹慎用著自己的智慧做去，也會向好的一方面去的，把他分各事判斷時：希望很難成就，急則不宜。而有事物多數雜亂之象，所以勞苦極多。然而一一拿來，分開來，最後會成就的。諸事易有誤會，不可不慎。隨著人把各事用心

做去，也可以不被人迷惑。心中所希望的，有難說的樣子。若事說出來，也難突然成就的。開業就職非借極能提拔自己的人之力量，便不會成功。錢財難以成就，或有疑，或有阻礙，長久便可成功。遷居旅行都不宜。婚姻這裡雖希望，前途無此意。到前途一定要，這裏又嫌惡了。結局便難成就。候人雖有要來的意思，被障礙阻隔著，不能來了。疾病雖很會遲延，因著養生得法，便可痊癒。然而若是五個月以上的疾病，就困難了。失物可往東北水邊尋覓。因著東西的如何，打聽了小孩子或者會明白的。逃亡很有困難的樣子，不久會回來的。訴訟前途很強，因此會敗。生產雖不很輕，倒還安全，多數是產男子的。買賣無利，宜待時。市價起初低廉，後來漸次增高。參考有了念頭，還沒有決定。有了志望，還沒有達到。看了之後，這顏色不能分明。人事皆有吉兆而不吉。苦勞困難之後，亦成吉利。雖有受人救助之意，但不可不慎他人之引誘。天候，有雨。猜物，是彩色的，花樣美麗的，組織極佳的東西等。

變卦：初爻，山澤損。二爻，山地剝。三爻，山風蠱。四爻，火水未濟。五爻，風水渙。六爻，地水師。

5.需

水天需（010 111）見岸無舟之象，畜養等需之意。此卦恰如立在大河岸旁，要想渡到對岸，無橋無舟，竟想不出什麼法子來。所以萬事都不稱心，憂慮的地方多。此卦的需字，是等候之意。等時候一到，必然渡頭會有船了。來了一隻船，可以由它渡到對岸。所以守候時節到來。即有援助之人，便可如我之意。若是不能等候，

強要成事，那竟如自己情願陷入河的深處，要失敗到無可挽回了。這時節少到六日，或者六個月，總之與六有緣。現在把各事判斷如下：希望急則難以成就，而且反會遇危難，徐徐進行便吉。開業就職現在非其時期，要等待時節到來。錢財前途很擔心，過分心急，反不相宜昌。候人來得極遲，辰巳酉日，定有什麼消息了。遷居旅行還是延期的得策。失物已入他人之手，探索也無益了。逃亡有些難回來，但是過些時候，必定回來的。婚姻現在不是時候，強要配合，也難成就。生產一不當心，就有流產之虞。訴訟談判等事，初強後柔，定能應這裡的要求的。買賣無利，想了時候等候著。市價立定而無變動。參考有養之義，有舟子之意。但是欲速則不達。有辛苦迷惑，或是受人疑惑，或疑人而略有爭論。諸事遲滯不果，長久後方始成功。當日的占卜不利。求財謀事，二，三次可成。天時，有雨。猜物，是極小的，時時使用的，長久使用的，寶貴使用的等。

> 變卦：初爻，水風井。二爻，水火既濟，三爻，水澤節。四爻，澤天夬。五爻，地天泰。六爻，風天小畜。

6.訟

　　天水訟（111 010）衝突逆行之象，打獵不獲之意。此卦乃天水逆行之象。人的行為不能與條件一致，所以萬事必有錯誤。動輒易致激怒，自己很會焦急。一時被感情所驅，做出不可挽回的事來。所以什麼事都要深思熟慮，好好與長上者或熟人商量，聽從他的意見做去。便沒有錯誤了。自己一人強自做去，即徒勞無益。爭論又宜當心。有受疑而失去親密之義。將它各事分別判斷時：希望身心

不安，頗多悲憂，難以立刻成就。錢財依托此外的人時，便不成就。開業就職都不是時節，中止的好。候人一時不會來，必須勿使前途生氣。發信二，三次，那辰日或戌日會來，或有消息。婚姻說話雖很好，都是媒人說謊，要白頭偕老，是極難的。遷居旅行現在不是這時節，等時候一到，自然會成遂的。疾病下面發冷，有血冒之虞。一疏忽，就要弄得不可收拾。宜急急療養，雖長久也能治好。生產雖系難產，多數是男子。逃亡第四日或第四星期，第四十日可歸。失物雖尋也難出來。訴訟開談判也是自己不利的多，所以不如和解來得得策。買賣守舊則吉。市價雖覺得很強，其實會低落。參考人心不利，事多狼狽，而欠安寧。爭理為主，以理為非。喜中兼憂。所以萬事恐懼而謹慎。守著常心，靜靜地勿轉動，便可無咎。求財謀事之類，都苦而無功，中止的好。對貴人有背叛之心。須有隨長上者之心，不可忘道理。宜防盜賊。天時，有雨。猜物，是圍在裡頭的，或上下相磨擦的，線繩縛緊的，組織極好的，有數的東西等。

變卦：初爻，天澤履。二爻，天地否。三爻，天風姤。四爻，風水渙。五爻，火水未濟。六爻，澤水困。

7.師

地水師（000 010）以寡伏眾之象，集體力量之意。此卦萬事不如意，為了極細微的事，也會激怒，弄的爭起來的。所以總之缺乏人家的同情，容易成為孤立狀態。差不多世人一齊成了我的敵人一般。因此往往會自暴自棄，做出沒主意的事來。應當不論何事，要克制著小心，以得別人的同情。此卦大抵無利。有被人惱著之意。若有

了料想不到的幸福，反而是凶。所以要謹慎，不可不明明白白。淫欲盜賊，也宜留意。把他分別判斷時：希望難立刻成就，須待時節。開業就職急急便不能如願，宜忍耐著等候時節。遷居旅行現在不是時候，還是延期的得策。候人一時不會來，但未日或子日有消息。婚姻初婚還是中止的好，後來有口舌。再婚便不妨。若是私通的，更是口舌的根源。生產不安或不孕。疾病多下痢胃腸病。或從下面受寒而起的病。或精神發狂。久病則難望痊癒。逃亡尋水邊或西南。失物立刻難知道，有損害之意，打聽老婦很有效。訴訟談判若弄的不得法，會發生意外的事情。買賣有損失。是船上貨色，損失更大。市價漸跌。參考下者犯上，自誇侮人。或因著私慾去苦人。有不和順之兆。求財謀事之類，有德之人雖可得到，常人很難得。然而替人家謀劃，自己不欲，也能成就。爭論必定反復，宜謹慎。有為人領袖之理，當因著事情斟酌。天時，晴。猜物，金屬有數的，結著的，配合著的東西等。

變卦：初爻，地澤臨。二爻，坤為地。三爻，地風升。四爻，雷水解。五爻，坎為水。六爻，山水蒙。

8.比

水地比（010 000）團結互助之象，和樂隨眾之意。此卦恰如秋天碧澄澄的天空，望上去眾星拱托著北方的北斗星。所以人若是正直沒有邪念，便有眾人的同情援助，不論何事，很能順手進行，便能有極樂的歲月。雖然因事而異。對尊長親友好好說話，務必從著他處事，幸福自然會來。然而若是一味要貫徹己意，反會產生惡劣結果的。即此卦之意，有熟人朋友或一家等合力之義。一點不疏

忽，急急做去，便大吉。遲延的極屬害，反有什麼事都難成就之意。
分別將各事判斷時：希望可以成就，然而略為遲些。開業就職從了
尊長的意見，便無過失。錢財托他人時，凡對我有同情的人，必能
如願成就。候人雖有一些兒阻礙，完了就來。子卯酉日有消息。婚
姻甚佳，趕緊則有利，延期反有障礙。生產安然無事，多數是女兒。
疾病不能立刻告愈。請北方或西南的醫生有益。長病便危險。逃亡
出門時有同伴，回來是一個人了。子日可歸。遷居旅行選吉日則吉。
旅行若有同伴更吉。失物早則可以出來，日數經過一多，便難出來。
方向是西南。訴訟開談判宜求和解。在談笑中解決的有益。買賣有
小利。市價變動少，似很強，又會低落的。參考有可靠處便從他，
有可見處便就他之意。又有以此較彼，以彼圖此之意。（即參照其
它後，確認自身）。所以常人必有疑迷之意。所望之事，先難後吉。
住所不安，動而後安，但是很滯。求財謀事之類，誠實則有救助我
之義，然而有破財之兆，應當謹慎。損失後頗難恢復。各事從速則
吉，多疑而怠慢猶豫，便失去親密，打破交情，諸事皆兇。天時，
雨時必晴，晴時必雨。猜物，是硬的東西。此卦有不動之意，貴的
理，人家曉得的理，最後有凶的理。

　　變卦：初爻，水雷屯。二爻，坎為水。三爻，水山蹇。四爻，
　　澤地萃。五爻，坤為地。六爻，風地觀。

9.小畜

　　風天小畜（110 111）黎明之前之象，近而疏遠之意。此卦恰
如天明時曉風涼爽，旭日將升，那殘月還在西山之象。運勢雖不充

足，似乎還好。然而往往生了障礙，不能如願。要想伸展出來，上面似有什麼壓著。所以可以出力的人，往往與他疏遠。這麼不稱心的時候，強要照自己的意思做去，反容易失敗。還是暫時等候的好。即此卦有事物止塞之意。又有眼睛看的見，手拿不到之象。萬事很難急成。又有心中種種地想著，而氣鬱之意。有忌物之意。有萬事無管束之意，須知時候未到，宜安心守候，把各事分別判斷時：希望有反復口舌，很難立刻成就。錢財依賴他人時，也有障礙，不能立成。開業就職似乎很會成就，其實運氣不會來，除等候時節外，無別法。婚姻前途很有意思，不過非用心調查狀況，必致後悔。候人不來。若是來，也很遲。消息在午日西日。遷居旅行很不佳。到了時候便有利。失物場所屢屢變化，即使探索，也不會立刻知道。逃亡在戌亥辰巳處。現在很困難後悔著，所以不久就會來。疾病似乎好些，卻反不佳，藥的效力，沒有進步。經過一個月後，換了藥，才有利。長久的病是難治了。訴訟談判如果心急，便有損失，忍耐的有利。買賣當守常。無利。市價雖有強的神氣，其實立定，而無變動。參考有抱辛苦長憂憤之意。又有與親人遠隔，無力救己，不能依賴之意。宜防突然的災難。宜變更住所。常人運氣不佳，難忘苦勞。大要是見首不見尾，乃凶象。天時，風雨。猜物，是總括的東西，一半一半用的東西，長的東西等。此卦更有懷大之理，不動而動之理，見血之理，近神佛之理。

　　變卦：初爻，巽為風。二爻，風火家人。三爻，風澤中孚。四爻，乾為天。五爻，山天大畜。六爻，水天需。

10.履

　　天澤履（111 011）行進有險之象，倫理主導之意。此卦恰如通行臥虎後面。誤踏虎尾，便會被他回頭一口。現在也象不踏虎尾而通行一般。雖略有危險狀況，應當一點不躊躇，注意著行進，便能取得相當成功。但履者就是禮也。把尊長所做的事，被一點兒利益迷了眼睛，去橫奪下來。或是做身份不相應之事。反而是失敗困窮之基，所以很須注意。還有人會為著色情害身，或為了女子，起不良的念頭，弄得很苦。即此卦有禮儀之心而前進之義。有始驚後喜之意，分定物件之意，希望身份增大之意，有戀慕人之意。有去者已至是處，來者已來應其事之意。就各事分別判斷時：希望身份相應，便能成就。錢財雖有妨礙，也能成功。開業就職無阻礙，吉。候人或來，或有消息。婚姻即使有一次作罷，後來也會成就，然有配偶不相應之意。生產臨產時占卜遇此卦，便很安。預先占卜，便有驚嚇。多數是女兒。疾病有血冒等狀況，便很擔心。女是輕症，男是重症。延長的不會立愈。逃亡一時不會明白，或者會與女人同伴著。失物難出來。然而應當問女子或尋戌亥的人處。遷居旅行赴遠處不妨，近處兇。訴訟談判不如和解的好。買賣無利，守常則吉。市價漸漸有下落之兆。參考有危意而不傷，有驚意而安然。然而初次謀事都不安。關於住所的存亡。有大望則應當先從小處入手，便有利。從著人，宜進不宜退。又應當跟在人的背後。在人的前面進行，就不利。有好色之惱，又有憂悶之意。求財謀事之類，雖有妨礙，也能成就。天時，晴。猜物，易破的，危險的等。此卦又有著而即轉之理，女人裸體之理。

變卦：初爻，天水訟。二爻，天雷無妄。三爻，乾為天。四
爻，風澤中孚。五爻，火澤暌。六爻，兌為澤。

11.泰

地天泰（000 111）和平怠惰之象，好位差運之意。此卦氣氛
最為舒服，樂天的。所以往往把家業怠惰。也有人嫖賭吃喝，自取
其樂。因此若是自己能夠萬事注意，努力業務，便有尊長的提拔，
家庭圓滿，很太平無事。然而不可因著泰平無事，便高枕無憂。即
聖人所謂治不忘亂。應當守著此戒，不可粗忽。此卦心中多煩惱。
諸事表面似乎很好，其實還是不好，各事易有錯誤，多勞苦。將它
分別判斷時：希望急則不成，年久可以成就。錢財求人時必須托尊
長的婦人，或老年的婦女，方可成功。開業就職業務身份的變更，
是不利的。堅守從來之業，遂有利。若新計劃的事，後來有大破之
兆。候人這裡雖想著，前途並不想。所以這裏去給他一個消息，摧
促一下，就會來了。婚姻有色情之煩惱。初婚不延期為佳。再婚不
妨。遷居旅行選吉方，便無礙。逃亡在親戚或婦女家中，一時不便
回來。所以這裡去，一迎接，便會來的。方角是戌亥。失物不是竊
盜，有破壞之意。打聽老年婦女最有利。疾病從平常不衛生上來的。
因著治法如何，便可告痊。訴訟談判這裡很不利。買賣日常必需品，
有利。其它損。市價立定無變動。參考有奢侈安逸之意。又有樂極
生悲或月過望，而向暗處之意。若是拿來論象，那是賤者侵潛貴者。
所以下宜上不宜，損宜而益不宜。總之家事在女子有口舌。新計劃
不利。求財謀事，易有錯誤。只有位子好，運就很不佳。萬事不能

解決。有過極而失禮之意。天時，有雨。猜物，略損而即棄的，入手製作的，貴重的，組織很好的，根本賤的，圓的東西等。

變卦：初爻，地風升。二爻，地火明夷。三爻，地澤臨。四爻，雷天大壯。五爻，水天需。六爻，山天大畜。

12.否

　　天地否（111 000）背離停滯之象，忍耐等待之意。此卦恰如碧澄澄的天空，月光皎潔，被霧把他遮蔽著。所以與以往不同，什麼事都不如意。一切勞力無效。人事等亦然。這裡雖十分辛苦擔憂，前途非但不覺得，反而恨著這裡。又在主僕夫婦朋友等間，也意見很欠疏通。往往產生沒趣的事來。所以萬事宜待時節。事物有閉塞不通之義，始困後榮之意。不論何事，起初與人不合，而很辛勞，後來可以達到志望。把它逐事分別判斷時：希望錢財先難而後可得七八分。開業就職現在非其時，須待時候到來。候人不容易來，想不到的時候突然會來。婚姻可成，不過有了障礙，要遲些。生產非常難產，卯酉日生。疾病很擔心，長病更難治。醫生要戌亥或未申的人好。逃亡尋西南，但是遇到極遲。遷居旅行移居的種類吉。訴訟談判若性急，就失敗。穩和便佔勝利。買賣看著市況等候。市價人家很冷淡，立定無變動。參考凡事之開始，都乏而不足，窮而不達。所以求人，人也不親密。向人說話，人也不聽。這都是否的時候。然天地隔離而生育萬物，所以占卜當時的事，有閉塞不通之意，將來之事，便有通達成就之義。天時，晴。有塞而不開之理，以裡變更之理。夫婦有口舌疾病，當謹慎。占病，有凶兆。失物，可尋東南。

變卦：初爻，天雷無妄。二爻，天水訟。三爻，天山遯。四爻，風地觀。五爻，火地晉。六爻，澤地萃。

13.同人

天火同人（111 101）暗夜見燈之象，團隊成就之意。此卦恰如黑夜獨行野路時，遠遠望見燈光，非常欣喜，膽子壯大。心地正直，沒有邪念，便有意外的提拔，萬事可以極順手。即人心相應，深有親切之意，一切俱可穩妥成就，能夠立身出世，又可得人照應。若有邪念的人，占得此卦，便大凶。分別判斷時：希望由尊長的老婦人辦去便成。錢財託人時，說明實情即可成就。開業就職此事宜與長輩老人商量便吉。婚姻大概可成，多數是再婚。或本人自己有意，更容易談定。候人有同伴一同來。戌亥午日來，或有消息。生產毫無障礙，安產。疾病非常的重，療養不怠，熱能痊癒。逃亡不是一人，有同伴的，不會就回來。失物早些探索，可以出來，遲些便不出現。方向南西北。遷居旅行與人商量而從其意見則吉。旅行有伴亦吉。訴訟談判宜借重身份相當的人或尊長的助力。和解來得有益。買賣一人得利，則損失甚大。市價神氣雖很強，經過了日子，必定下落。參考立身發達之卦，萬事可成。然而起初有些妨礙，有些疑惑。又有退身之意。但不致有禍。求財謀事之類，宜用居中人便吉。又與人相和順而無曲折。若是公正的事，本來很吉。萬一為密謀等事，即有破壞之兆。移居等類，毫無妨礙。婚姻平平，這女有不貞之意。失物，是家中人拿去的，不在遠處，即使從外面來的，也是被相識的婦人所拾去，方位是西南。天時，有雨。能夠使心柔

軟著，依從人家，便能立身發達。猜物，是美麗的，有兩個的等，
還有貴之理，著身之理，組織很佳之理。性急等事，務必謹慎。

變卦：初爻，天山遯。二爻，乾為天。三爻，天雷無妄。四
爻，風火家人。五爻，離為火。六爻，澤火革。

14.大有

火天大有（101 111）明白掌控之象，花盛欲衰之意。此卦乃
日在天上照著之意，人也得時之卦。即日光射入室內大明，與以前
不同，自然萬事都很圓滿。但是滿則易缺，金銀會有損失之意。又
親戚朋友或婦人等，無論何人之事都很勞苦。外美而內惡。所以要
注意。將它分別判斷時：希望文學等事，可以發達。世上的平常俗
事，難以成就。錢財托尊長則可成。開業就職與知己親近的朋友商
量，從他的意見，便吉。婚姻前途的念頭與這裏的念頭大大不同。
所以要不誤會才行。到雙方瞭解了，成功已很遲。女是性急的。候
人他正想著這裡的情行。所以這裡有音信去，就會來。生產是女兒，
並且不安，又不可以不防流產。疾病非常的重。若是長病，那就難
治。逃亡很想回來，正觀看著這裏的情況。失物在高處，或神佛附
近。遷居旅行從平常人的意見。旅行若是業務上的事，沒有十分好
結果。訴訟談判略為強硬些的好。買賣我這裏一面無利益。市價變
動多。高價時得此卦會跌。低價時得此卦會漲。參考寬仁明白。而
常人有叛從我之意。在當世的人們，無此寬仁明白之意，所以是凶
兆，有名無實。不可迷於小利而多生勞苦。死喪疾病破財等憂患之
兆。不可不慎。有好色的障礙。有心中抱著困苦而常不安之意。天

時，雨則晴，晴則雨。猜物，是單使用一色的，製成的，透明的，貴的東西等。

變卦：初爻，火風鼎。二爻，離為火。三爻，火澤睽。四爻，山天大畜。五爻，乾為天。六爻，雷天大壯。

15.謙

地山謙（000 100）先曲後伸之象，謙和公平之意。此卦先曲後伸。所以起初什麼事都難成就，苦勞多，事物不自由。但是後來利益必來。諸事控制忍耐著便吉。又隨人，亦吉。即與尊長親戚的人商量，從其意見處事。若自身放出剛氣來，便凶。謙即遜。對人服小而有禮讓。但不是媚，把他分別判斷時：希望有人輔助之意，雖遲也成。錢財託人也需謙遜。托了人，雖遲也成。開業就職現在不是時候，中止的好。婚姻悉聽尊長或知己者的意見，便吉。候人心裡甚樂，不來。但再三有信去，會來的。生產略微懊惱些，子日午日必生。疾病是腰部陰部的病，要痊癒，很費時候。早些治療則吉。失物探索東北。因著品物的不同，或者會在布帛之下。逃亡匿在附近婦人處。遷居旅行無妨，但很吃苦。訴訟談判如果這裡過分強硬，反致不利。還是悉聽居間人辦去。和解的有益些。買賣有利，很正當。市價跌後即漲。參考有有德自卑之意。高山在地上，這是謙，又是增福之卦。無始有終，百事大吉。堪忍辛苦艱難而自己守正，則好事必至，和順則必達。強橫而與人有反背之意，便大凶。求財謀事之類，有他人輔助之意，雖遲也成。出門之類，先苦後榮。婚姻，成，或有耽於淫之意。天時，雨。猜物，是細工的，強壓著的，有聲音的東西等。

變卦：初爻，地火明夷。二爻，地風升。三爻，坤為地。四爻，雷山小過。五爻，水山蹇。六爻，艮為山。

16.豫

雷地豫（001 000）奮躍出頭之象，行為協調之意。此卦有悅之義。雷奮出於地上而升天。人也可以快樂地立身出世了。即得此卦的，與以往不同，萬事很順。所以不是很無謀失策的事，什麼事都一無妨礙。然而這種時候，往往容易心生驕傲而怠惰業務。有金錢等的損失，或者為色情飲酒傷身，棄得沒有主見，便遠走高飛了。所以這些注意很重要。此卦有新收入物件之意。一不小心，便有大驚嚇。又有迷之意，又在位所上有苦勞。把他分別判斷時：希望長久而成。又再三破壞而後成就。錢財托人有些困難，很費周折，方能成就。開業就職將現在的狀況改善些，努力做去，漸漸盛大。候人現在赴他處了，所以不能即來，遲至卯日酉日可來。婚姻沒有媒人，互相結著交際，大概可以安然成功，但女家有說話。生產非常容易。疾病雖是長病，會漸漸向痊愈方面去了。但是急病，是很要當心的。逃亡在東方或未申，不早早去尋，又有往他處之虞。失物在外面失去東西，雖探索也不會明白。在家裏失去的，可尋未申方向的高處。遷居旅行即使無妨，也應與年長者商量了，從他的意見，方為安全。訴訟談判容易憤怒，性急反有損害。買賣謀於人，才有利。市價雖立定不動，後來會騰貴。參考此乃萬物和順，人心和樂，而相應之卦。又坤順震動，以順對動，正是天不背人之處。有國泰民安，上下和樂之義。常人雖為吉兆，無規定的慶幸，怠惰便是厭

也，驚也。大概常人得此卦，卦居不安，家產不盛。或迷惑著要想離鄉裡。兼有破財之義。天時，晴。猜物，是有數的，曬乾的，貴重的東西等。

> 變卦：初爻，震為雷。二爻，雷水解。三爻，雷山小過。四爻，坤為地。五爻，澤地萃。六爻，火地晉。

17.隨

　　澤雷隨（011 001）追隨適應之象，和順得助之意。此卦乃有少女隨男之意。我動彼悅，所以叫隨。有互相通從之義。又是枯木重茂之卦。因此物變便吉。即：恰如騎馬在山中，見了鹿，便驅逐它，鹿弛，馬也馳，因此往往會得到一個意外的商量的人，能夠做成想不到的事的。又這種時候，會有人用種種甘言欺侮人，所以萬事不可不注意。年輕人有關於色情的憂慮，會反背尊長的意見。又此卦如隱居，那麼有不出之義，有乘車馬遠行之意。又不可不謹慎防備女子。把它分別判斷時：希望大概成就。錢財託人須悉聽前途（對方）意見，即可成就。開業就職從著尊長或親戚人的意見行事，即無大周折，亦無錯誤。候人有同伴同來，卯西日必來，且有快活的話。婚姻前途非常有意，所以意外的會早成。生產子卯西日安產。疾病是花流病胸腹等症，不必擔心，雖長久也能全治。逃亡必有同伴。一打聽女子，可以明白大概的樣子。失物場所已變，一尋便知道。遷居旅行沒有什麼吉凶，任意做去，毫無障礙。訴訟談判勝於理而負於非。結局遂歸損失。買賣出諸己意則損，守候大可得利。市價似乎會漲，漲了之後，將來更會漲。參考有從欲而行不義之意。

有心中多情而不安之意。求財謀事，有可成之兆。婚姻可成，有任意相遇之意。住居變動。遺失物不是婦人取去，由自身的過失失去。天時，下雨，有迴旋之意。猜物，是製造的東西。

變卦：初爻，澤地萃。二爻，兌為澤。三爻，澤火革。四爻，水雷屯。五爻，震為雷。六爻，天雷無妄。

18.蠱

山風蠱（100 110）內部有奸之象，石上栽種之意。此卦乃山中含風，有吹出破壞之意。諸事迷惑困難。恰如狂風吹倒山上樹木，正是極憂慮煩悶多的時候。容易被人用種種甘言蜜語引誘。倘使不好好調查，上了當便失敗到不可挽回。又家庭也不能圓滿，父母子女間多苦勞。疾病盜賊要謹慎。爭鬧也須謹慎。常有與親近人疏遠之意，竟致會失去住所。將它分別判斷時：希望難成。此外萬事不稱心。錢財託人時，另外有妨礙者，難以成就。開業就職現在不是時節。將一向的事好好守著的安全。婚姻前途（對方）以前就有心上人，要答應這裡，也辦不到。候人前途有障礙，要一也不能來。生產非常難產。或有流產之虞。疾病一時很難治。長病的人更不救。逃亡雖有回來的心，因著障礙不能歸。失物可探索東方北方，在物下。遷居旅行遷居易有困苦。旅行不宜。訴訟談判這裡很著急，前途（對方）並不擔心，所以和解的來得有利。買賣有賣出佳，而買進損之兆。市價不久將漲，現在正大跌。參考蠱者，壞也，亂也，又惑人也。此卦上下不交，而生蠱壞。又上止而下教，下卑上而怠慢，都是蠱之義。又亂極而治，所以事可通。疾病盜賊破財一切家

事辛苦。萬事有吉兆。苦勞災難不在遠處，而起於近處。不從外入，而自內出。所以事事宜慎。求財謀事之類不成。遺失，速覓，可不出門，遲則遠去，在東南北邊。天時，雨。有裝物在內之理，有對鏡中之理，有嫉妒之理，有文華之理。猜物，是有數的東西。

變卦：初爻，山天大畜。二爻，艮為山。三爻，山水蒙。四爻，火風鼎。五爻，巽為風。六爻，地風升。

19.臨

地澤臨（000 011）迷惑前行之象，願望摻雜之意。此卦上下相交而親近的意思。事物柔和而吉，倔強便不佳。恰如年長的女兒，向母親請求什麼東西，這樣那樣，一時說了許多出來，要望它成功。但是生了身份不相應的念頭。並不怎樣努力，不可能早早希望成功的。然而不是重大的事，希望卻能成就，無論何事，略為有些歡喜。把它疏忽麻痺著，後來必致破壞而懊悔。所以萬事宜注意為要。還有旁邊會生出周折來。住所也有苦勞。但是可以有他人提拔，弄到能夠安居。把他分別判斷時：希望可以成就，有兩件時，一成一空。錢財託人時，再三交涉，方可成功。開業就職現在不是時候，守著向來的事，大吉。婚姻雖不十分，還是大吉。生產是安產，生女兒。然產後不注意，便有病。疾病是慢性病的復發。或是長病等，一次痊癒後，再行後發，不可疏忽。候人由這裡屢次送音信去，就會來。未日申日有消息。逃亡在未申方，原（因）人而異。或者會帶了女子躲著。失物早些探索會出來，遲則入他人手中。方向是未申方。遷居旅行遷居若是營業上的關係，那選吉方可以大吉。旅行遠兇，

近處吉。訴訟談判早些了結，便可勝利，延長極易敗。買賣有利益，然不可貪。市價應當曉得要漲。參考必有希望之處。內悅外需，萬事吉兆。有進而侵迫事物之意義。爭論宜謹慎。聚集之意，再兼著增之意，進之意。所以臨有大悅大至之義，應當就事活斷。萬事有被人迷惑而進行之意。所以要謹慎女子。事物由外意而成，或有文華。有人家不知道的色情事。住處有水邊橋之理。猜物，是有凹窪的，有彩色花紋的，用一次即拋棄的，容易破壞的，寶貴的，金屬的東西等。

變卦：初爻，地水師。二爻，地雷復。三爻，地天泰。四爻，雷澤歸妹。五爻，水澤節。六爻，山澤損。

20. 觀

風地觀（110 000）風揚塵埃之象，變動考慮之意。此卦大概吉。但如晴天起雲，往往會有料想不到的事，使人受苦。然而有世人仰慕之意。又能從外面有人照料。換一句說，恰如大風一吹，塵埃飛揚。所以正是發生紛紜的問題，心頭很難鎮靜。最好不生惡念，正直親切的辦事，甚為要緊。這麼做去，定能得意外的援助，便成良好狀態。又此卦有風由地上吹起之象，接觸萬事之義。所以宜商量。又風的吹行，會把東西動搖，人也有住居變動之意。如井中有金，雖屬吉事，不能急成。盜賊色情，都宜謹慎。有初好後劣之意。將它分別判斷時：希望有讒人。又有婦女妨礙，難以成就。錢財托人時前途正觀看著這裏的情形，所以說出實情來，一商量，無有不成就的。開業就職不得尊長或知己的同情，總難成就。婚姻前途說

上來,便會成就。這裡希望著是不行的。生產有難,宜防外邪。候人來不來正在思慮,所以給他一個信,定能早來。逃亡在東南遠方,一時不歸。失物屢屢變化地方,後來雖會明白,總不能到手。遷居旅行近初。又要動的。訴訟談判急急便不利,應當靜心看著時期進行,必有好結果。買賣誠實必有利益。市價不久將漲,買者有益。參考乃以中正之德示人,使人仰望之卦。常人不合此義。文才藝能就行。其它有賣虛,求錢,裝飾身體,或迷人之意,可以當做貪婪者解釋。又有風偏行地上之象,此乃動搖之義氣。所以必定住居不安寧,身心不康健。常抱煩惱苦勞。又被外誘所迷。易有損失。起初有左右爭婚之意。病很難治,是怪異之症。天時,陰。有仰望之理,有著口之理。猜物,是賒借的,裝著繩線的東西等。

> 變卦:初爻,風雷益。二爻,風水渙。三爻,風山漸。四爻,天地否。五爻,山地剝。六爻,水地比。

21.噬嗑

火雷噬嗑(101 001)障礙阻塞之象,改革變通之意。此卦乃口中有物之意。諸事有障礙隔著。然而有相嚼而通之義,起初難成,後來萬事順手。又有龍藏在沼澤之中之象。勿性急,須溫和,否則有爭論涉訟等障礙。換一句話說得詳細些,恰如口中放一硬物,齒與齒相嚼時,這堅物就是障礙,不容易嚼。所以萬事性急就不能如意。又與人共同做事時,只有自己勞力,對手有袖手旁觀的狀態。總之事物都不能如意。然而能夠不心急,忍耐著嚼碎這硬物,便能稱自己的心了。把它分別判斷時:希望有人妨礙,難成。錢財非屢

屢託人，不能成就。開業就職現在不是時候，一會兒期就到了，等候著罷。婚姻互相有障礙難成。生產多數是男子，而且安產。食物中有幾條是妨礙的，不可不謹慎。疾病血冒神經衰弱症。雖略為延長些，也可以痊癒。候人有什麼障礙，一時不能來，但屢次有信去，卯日午日必來。逃亡有同伴，在西或北，有阻礙，不容易歸。失物在家時，在有蓋的東西內。在外面時，是北或醜演方角。遷居旅行不動的好。旅行雖無妨礙，早歸的吉。訴訟談判即使很焦急，前途還觀看著這裡情形，一時難以解決。買賣守舊最宜。市價可以漲，買的有利。參考有聚集而繁榮之義。過分進行不利，過分退步也不利。為著利欲會受禍患。宜防意外之災難，宜慎女子及爭論。離鄉出門之類，有人說破，難以成就。以誠實求之，後來會成遂。遺失，是兩個人失去的，有爭論，可尋東南。天時，略有雨，且有雷。猜物，有賒借之理，裝物入內或並列擴張的東西等。

> 變卦：初爻，火地晉。二爻，火澤睽。三爻，離為火。四爻，山雷頤。五爻，天雷無妄。六爻，震為雷。

22.賁

山火賁（100 101）華而不實之象，誠得恩惠之意。此卦乃虎出林游玩之象，物有美又有威之意。詳細說時，乃華而不實，明不及遠之意。恰如醜陋之人，雖修飾著頭髮面容，總有些醜相會看得出。外觀裝飾了自以為是，反被世人暗暗好笑。所以無論何事，宜誠實正直為主，勿飾外表，這麼一來，反得世人同情，什麼事也能很順當的進行了。又此卦有立身發達之意。也有錯誤而與人中絕等事，

後來甚佳。但是希望比自己身份大，必有損失，不過有些小利罷了。把它分別判斷時：希望課程，但遲緩，難以急成。錢財不甚大，便可以成。開業就職勿裝飾外觀，正直做去，必能成功，後來大佳。婚姻起初甚好，前途也有意，要永久偕老是很困難的。生產略有障礙，生女兒，午醜演日等產。疾病被寒熱惱著，所以看來很重，一長久便危險。候人有信。若是遠方，便很遲。逃亡往近處的南方去了，暫時留在那邊，不久可以回來。失物若是家中，在有蓋物之下。外面是被盜了，很難出來。遷居旅行遷居吉，但外面要裝飾頗不易。旅行無妨。訴訟談判提出證據，說明利害得失，肯答應我們這裏要求的。買賣誠實便有大利益。市價不漲，而或者立定。參考裝飾中還有數義，即修身齊家，文學衣服器物之美，俱是賈。所以有虛有實，應當審其事義而活斷。乃山下舉火得觀山上之物之象。有明不及遠之義。所以小事可成，大事即難。求財謀事可成，但難以速達。又有由自身性急而破壞等事。婚姻成，女子很性急。又含離別之意。有錯誤是非之意。宜慎爭論之破兆，後來吉。天時雨。有怒，文華，計圖，強痛等意。猜物，是賒借的，美麗的，用指夾取的東西等。

　　變卦：初爻，艮為山。二爻，山天大畜。三爻，山雷頤。四爻，離為火。五爻，風火家人。六爻，地火明夷。

23.剝

　　山地剝（100 000）弄巧成絀之象，去舊生新之意。此卦乃枯木發花，凡從此新辦什麼事物都好。然有物自高處落下之象。人也身上不安，與浮在浪上一般。詳細說時，恰如鼠在倉庫穿孔，最初

不見得怎樣，漸漸胖起來，終至不可退出倉庫。所以無論何事，略有不妥時，宜大加注意，十二分鄭重辦去。又此卦有順時而止之義，被人妨礙之意。從這裏向人對抗的事，入手時便凶。有人自他處來之意，來的人有去之意。更有失時而思慮不定之意，最後吉。分別判斷時：希望十中成七八分。但會被他人反復。錢財託人似乎可成，不過遲延很久，所以要好好等候著。開業就職注意處事則吉。婚姻身份不同，一時難成。強要配親時，後來必致離婚。生產不用擔心，是安產。疾病漸漸衰弱的，不治。輕病也有成慢性等虞，極宜注意。候人象要來，不及來，過了時，醜日演日可來。逃亡很困難著，一時不歸。失物已入他人手中，難以歸還。遷居旅行都有吉兆。但遲利而速不利。訴訟談判等費時而失敗。買賣無利。市價現在正是從高價落下之時。參考剝者，削也，裂也，更換物形也。所以宜將事情或自身革新。又有物掛空中之象。人必定心中含著情，萬事還心裡想著，沒有決定主意。所以是失其皮之時。不即時變動事物，必有吉兆。又剝者，脫也，解也，有逃出憂患之意。剝又落也，落於山上高地之象，然而落是不安，落定便有安堵之義。盜賊女子宜防。遺失，空虛在西南水邊。天時，雨，猜物，是舉拔的，細小的，重疊的，花紋彩色的東西等。

變卦：初爻，山雷頤。二爻，山水蒙。三爻，艮為山。四爻，火地晉。五爻，風地觀。六爻，坤為地。

24.復

地雷復（000 001）土中得寶之象，周而復始之意。此卦乃物盡又始。一次不佳，又是向吉利的時節了，諸事可以如願成就。詳

細說時，恰如一向因著冬天枯寂的草木，一陽來複的春天一到，漸漸發芽，宛如交了春，與一向大異，萬事很順手。又有一次廢去再行開始的意思。然而要留心著，勿使失敗，又不可性急。把它分別判斷時：希望是天賜寶物之卦，所以成就的。錢財略微遲些，也能成就，不可性急催促。開業就職聽其自然便吉。婚姻吉。但是第二次的婚姻，或是第二次的商量，必成。生產略有懊惱之意，未日或申卯日，可生男兒。疾病極長久的病人，也一天好一天，必定會痊癒的。候人由這裡送一個口信去，必來。逃亡往東方去的，不久可歸。失物急急探索，不會明白。時節一到，便能到手。遷居旅行好容易搬了去，那邊竟難安定，要再回到以前的附近。旅行有同伴就好，又有途中打回之意。訴訟談判這一面很有利益，過分急急，便有損失。應當忍耐著，聽其自然的吉。買賣大有利益。但急兇，而遲吉。市價高下往來頗強，低下時得此卦，當知必定會漲。參考複者反也。物過而復始也。又此乃以順而動。所以是幸也。如凶年之後始登，戰國之世始平。被舊事所牽，悉難平安。所以住居不安。有不足之意。複著重也，報也，再也，因此萬事再三而成。凡此卦乃離開，重再之意，事皆有反復。然有破而成就，或改變而後成之意。有漸吉而得人相親扶助之意。有突然之幸。財謀事之類可成，雖有障礙，終究不妨。天時，雨。猜物，是有時節的，動的，有執手處的。有來自遠方之理，草木無花而生出之理，忽集忽出之理，用於往來者之意。

　　變卦：初爻，坤為地。二爻，地澤臨。三爻，地火明夷。四爻，震為雷。五爻，水雷屯。六爻，山雷頤。

25.無妄

　　天雷無妄（111 001）雷響震動之象，卵中藏雞之意。此卦乃順規律而動之義。名曰無妄者，誠也。誠即無兇。然當世的俗情，保持誠的人極少。所以得此卦的人，當知違規兇也。詳細說時，恰如初夏時候，暑氣漸增，雷聲響動，人心也動著，要想這樣那樣的做呢。或自己很親切的替人做去。若是神佛的事，無論做什麼都不妨。自己任意其它的事，身份不相應的事，不論如何焦急，還不是天運到來的時節。所以不可不靜候時節到來。如有什麼念頭，憑你對何等知己的人，也決不可說出來，因為要被此人口中泄漏出來，釀成大禍的。所以萬不可疏忽。把他分別判斷時：希望是石中含玉之卦，一切希望，俱難成就，時候不會來的。錢財託人時有妨礙，不會成。開業就職現在都不是時候，延期的有益。婚姻互相的話會生誤會，難成。生產起初很重，其實比較的安產，可生男兒。疾病病人激怒著，醫藥不能照想像那麼有效。候人這裡雖屢屢有信去，那邊一時有事，不能即來。逃亡往戌亥方去，很不會即歸。失物沒有拿到外面去的樣子，但一時瞧不見。遷居旅行不吉。商業上的事有損失。訴訟談判應當由這裏表示和解。平常的事，忍耐的有益。買賣正直做去，大為合宜，必定可得大利益。市價有漲價的原因，不久會突漲。參考無妄乃誠實之謂。凡人的行動，曉得了用天的辦法做去，往往無不大吉。占者若為不實之事，那是違背天命，自然大凶。史記作無妄，照此義，也應不可有利欲之心。做著自己當然之事，勿顧身份之外。妄者，誕也，誣也，不誣而正直，無妄也。知此義，便可明斷無誤。有包複物品之象。所以萬事整速。求財謀

事之類，君父神佛之類，出於信義，必可成就。迷惑便多失敗。心裡想著的，一切不通，強行反會受災害。天時，吹風即晴。公義的事情，出去有危險。

變卦：初爻，天地否。二爻，天澤履。三爻，天火同人。四爻，風雷益。五爻，火雷噬嗑。六爻，澤雷隨。

26.大畜

山天大畜（100 111）金藏岩中之象，淺水行船之意。此乃龍潛居山中而振起之卦。所以人在住居或是希望，大有苦勞。詳細說時，恰如撐船渡河，誤擱淺灘，不能如意。反被岸上人嘲笑著。自己一不注意，萬事俱弄得懊惱煩悶。這種時候，心急著強行做去，反生意外損失。不但自己，連他人也會受累，萬事宜注意。又此卦對物有忌嫌或畏懼之意。雖有一增聚之意，又有破壞之虞。有爭執而心不定之意。人是天性容易心急而失事的。分別判斷時：希望不成。錢財託人時難以急成。開業就職現在不是時候，除待時外，無他法。並且現在無職業位置。婚姻雖總可以設法成就，到後日便會生出事情來，要分離的。生產雖不很輕，倒也不必擔心。戌日或巳日生男兒。疾病病候人來雖來，很遲。逃亡爭執而出門，當然不回來了。失物在東北方，一時瞧不見。遷居旅行有什麼障礙，不能遷移。旅行在目的地有障礙。訴訟談判結局，對手有利益，自己有損失。所以應當在相當的地方和好的得策。買賣附在他人下面，便有利益。市價起初弱，後來極高。參考大人君子平平。常人不安穩。按坎乃健而進行上升，坤乃慌而中止不出。現在相反。所以此卦必

定住居不安穩。心中常含怒抱恨，都有不安之義，又有互相矛盾之意。爭論宜謹慎，有絕交之意。天時，雨。猜物，是有數的，圓形的，裝入物件的，包著預備的東西等。

> 變卦：初爻，山風蠱。二爻，山火賁。三爻，山澤損。四爻，火天大有。五爻，風天小畜。六爻，地天泰。

27.頤

山雷頤（100 001）畜養勿燥之象，身閑心煩之意。此卦有養之義，乃事物成就之卦。但有時節尚早之意。趕緊做去，總歸不利。詳細說時，乃上止下動之象。凡父母兄弟或人事，都是很多憂慮辛苦。恰如匣中藏物。外觀象沒有什麼東西，其實很多辛勞。又此卦有躁急之意。公事婦女口舌等須謹慎。有心中有念頭瞞著人之意，又眾人聚集之意。把他分別判斷時：希望雖可成就，然有誤會，一時不成。錢財性急而催促，反致不成。開業就職都不是時節，把從來的事確實做去，便有利。婚姻前途有事情，遲緩些，終究會成就。生產是安產，頭胎是男兒，若是第二胎，那生女兒了。疾病雖能痊癒，總得延長些，養身比藥更重要。候人來雖會來，前途有了障礙，不能象這裏想像那麼即來。逃亡停止在醜演方，等候著這裏消息，想回來。失物家內在箱中，外面可尋東北方。遷居旅行現在終止的有益。但旅行非長途也不妨。訴訟談判意外的延長，雙方都不利。買賣急則有損失，宜中止，遲則吉。參考頤者頷也，上艮下動，下動上應。所以很遲。有勞而隨人之意。又頤可含物，故含著多情的勞苦。二陽包著四陰，總有包物之義，人也有包著念頭隱瞞之意。

其意為養。此義推廣些講，便是為惡養惡。求財謀事之類，可成。
然而欲速便難。遺失，不是被人盜去，乃與他物相混著，在東北。
天時，陰。有收外面教訓之意，有離親人而受養之意。猜物，是食
器，單層的，包著的，著口的東西等。

> 變卦：初爻，山地剝。二爻，山澤損。三爻，山火賁。四爻，
> 火雷噬嗑。五爻，風雷益。六爻，地雷復。

28.大過

　　澤風大過（011 110）上下不通之象，樂極生悲之意。此卦乃
不通之象。不是上面原因，不是下面原因，迷惑在中間之意。所以
什麼事都有不定而思慮欠安之意。強行按照我的意思，不聽他人的
商量，後來必有大大錯誤，要發生困難事。詳細說時，恰如在行人
雜鬧的繁華街上馳馬，外觀很體面，但是乘者不注意，就會傷人。
又那馬一驚，便會跌下來受傷。眼前似乎很有趣，其實腳下有一大
穴。又有棟撓之象。象一所房屋棟梁屈曲著的命運，自然迷惑著的
地方多。萬事宜鎮靜，不可輕舉妄動。又此卦對外大佳。也有始勞
後榮之意。物有不順之意。與人組合的好。把他分別判斷時：希望
一切象會成而不成。錢財總之有障礙，不能如願。開業就職事業的
革新擴張等，中止的有利。婚姻總之談不成，即強把他成就時，夫
婦中有一人病。生產難產，產後更不可不注意。疾病是難病。婦人
病是月經滯遲的多。候人很不會來。有消息去，連回音也少。逃亡
很困難著，然一時不會回來。失物已入人手，尋也無用。遷居旅行
移居雖無妨，然會生出什麼障礙來，搬不成的。旅行恐怕在目的地

有患病之虞。訴訟談判過分強擴便不利，還是和解的好。買賣現在作罷，等候後來，就有利益。參考過乃物越宜也。過猶不及，所以諸事不順，常抱不起之心。又有自身體衍之意。上下二陰，不堪其重。住居身心不安，有迷惑之意。又有危險之意。此卦在即時的小事便行。天時，久雨。有思索錯誤之意。猜物，是不配稱的，音響的，貴重的等。

　　變卦：初爻，澤天夬。二爻，澤山咸。三爻，澤水困。四爻，水風井。五爻，雷風恆。六爻，天風姤。

29.坎

　　坎為水（010 010）幫人落水之象，破舟載寶之意。此卦乃艱難困窮之卦，常有變動之怪意，有隱瞞人之意，有離住所之勞苦。詳細說時，是船載貴重品物，海中遇大風浪之運勢。總之事物齟齬而不如意。心裏一焦急，便愈焦急愈難弄，失望的事情多。在共同事業或他人之事，更多損失受累。所以人家所托的事，非竭力注意，後日必致後悔。總之在運勢兇的時候，萬事宜停手為是。又此卦是二人同行之意。或缺落者或無故出門而不歸之類。物有閉鎖之意，漸進之意。有色情。把他分別判斷時：希望難成。錢財托人時，前途像是躊躇著，不能成功。所以換一日再去商量的好。開業就職都不是時機。一切新計劃的事，中止的好。婚姻目下中止為是，強要成就，雙方都陷入困難。生產是安產，酉卯日生男兒。疾病病候人有困難事情，難以即來。逃亡赴北方或水邊的，一時不知住址，後來會曉得的。失物在北方，是盜去的。遷居旅行或動或止，目下均不吉。旅行在

目的地有病或生爭端。訴訟開談判也雙方互相很苦。所以不如在相當的地方和解的有益。買賣當有大損失。市價雖很弱，後來會高。高的時候應當要跌的。參考坎者，陷也，險也。有實被虛所複，近為遠所隔之意。住所不安。常抱憂慮。疾病盜賊及非常災難，都容易遇到。有女禍。有隱忍之意，有恐怖之意，以防外誘。此卦宜下不宜上。又爭執雖多反復阻隔。宜隨著人，廣與人親密。猜物，是一一隔開的，挾的，相反的，金屬的，有泥土的，能旋轉的，長圓的東西等。

> 變卦：初爻，水澤節。二爻，水地比。三爻，水風井。四爻，澤水困。五爻，地水師。六爻，風水渙。

30.離

離為火（101 101）得而復失之象，反復變動之意。此乃離別之卦。有與父母子女兄弟或朋友等遠別之意。然而學者出家等大吉，在常人大概不宜。艱苦到要退出住所。詳細說時，恰如山中張著網，一隻野雞將進去，去撲捉時，便會飛去。似乎很好的事，時常有的，到當真下手時，總有什麼障礙，不能如願。運勢更如秋葉亂飛。覺得好，反不佳，覺得兇，反大吉。是變化多的時候，萬事不可不注意。又此卦有受罪的運勢，有女子的厄難，在金銀財寶上有損失。有口舌憂慮。又此卦先兇後利，因著東西的如何而有的吉，有的兇。所以要想周到了，才判斷。將各事分別判斷時：希望文學之類，有吉兆。其它中途有障礙。錢財托人時，只消自己正直說明實情托他，就會成功。開業就職注意著處事，便吉。婚姻暫時中止的好，強要成功，也須後來才好。生產是安產，午日酉日生女兒。疾

病有寒熱，便危險。但急病等有生活之意，可以參酌判斷。候人這裡
有消息去，必來。若是不來，總有回音的。逃亡與女人同伴著，或在
熱鬧之處，不久就有音信來了。失物在華美之處，一打聽女人，可以
在意外的地方發現。遷居旅行不動的好，強要動時，不久又不可不搬
往他處。旅行有同伴便不妨，並且女人同伴很好。訴訟談判必敗，和
解的有益。買賣不進而有利，進即大損。市價雖很高，後來當賤。參
考離者附也，別也。此卦離別之義，大家會斷的。解釋為附之義者甚
少。按始附終離，萬事有頭無尾。此卦體陰，用陽，所以外盛內衰，
人事亦如此。言有信而心不實。凡知時宜者，在此卦可以覺察。火著
木而其德現，現人必定有了托足處，然後可達。有商量之意，當寄相
離相續之機，而後無咎。好色宜慎。有遇意外的災難或讒言之意。天
時，雨。猜物，尖而直立的，美的，有數的。又有水氣有活氣之理。

變卦：初爻，火山旅。二爻，火天大有。三爻，火雷噬嗑。
四爻，山火賁。五爻，天火同人。六爻，雷火豐。

31.咸

澤山咸（011 100）吸引通達之相，誠實獲助之意。此卦感通
而事物速成之象，有意外之吉事。詳細說時，乃山澤通氣之象。澤
的水氣，可以潤山上的樹木，而使它繁茂。有尊長親切者之援助，
萬事很順手，可得意外之成功。所以誠實不怠，萬事努力，一一都
可如願達到。此卦有自遠方得便宜之意，赴遠而不歸之意。然而有
色情的懊惱，應當謹慎。將各事分別判斷時：希望萬事由前途親切
照料，大可滿意成就。錢財託人可望成就，用他人居間時，成功更

早。開業就職都吉。沒有什麼障礙，後日有意外之援助而成功。婚姻極佳，定能成就。或者會由本人已自己做成。生產安產，沒有什麼擔心。疾病能治，不過略微延長些。候人前途也與這裡一樣的想著，所以酉日或子日必來。逃亡托身在親戚或極知己的人處，或者是與女子淫奔而赴西方。失物問小兒或女子，可以明白。遷居旅行移居無妨，旅行大吉。訴訟談判前途也想和解，所以不用爭，求和的來得快。買賣見小事而欲速便凶。市價雖象很高，但人家不很注重，就會跌的。參考咸者皆也，同也，易，本不思不為，當然不動而自能咸通天下之故者。求咸時，有心即非易，所以不從自心，無心之感，無所不感。而後有感動感通交感等義。猜物，是兩個合並使用的，用慣的，插著小花的東西等。

> 變卦：初爻，澤火革。二爻，澤風大過。三爻，澤地萃。四爻，水山蹇。五爻，雷山小過。六爻，天山遯。

32.恆

雷風恆（001 110）背道而馳之象，繼續堅持之意。此卦有物生長之義，又有物散失之意。人事亦如此，忽聚忽散。又有集而不定之意。詳細說時，乃並行而相背之象，總之事物反對的多。此卦恆者，君子恆其德也。平平常常按照著一向，毫無錯誤就行。又此卦在住所有勞苦。萬事不宜把一己的意見做去。又不宜開始新事物，吉凶都是長久後才變的卦，急則都成災難。把它分別判斷時：希望難成。錢財託人最初似乎很宜，中途會生障礙，難以成功。開業就職都不宜，須待時節到來。婚姻說話似乎很佳，其實有驚人之事，不能

成就。生產是安產，生女兒。疾病是慢性病，是老毛病再發。耽擱很久，不會痊癒。候人本人雖有來的意思，旁邊有阻礙，一時不來。逃亡在辰巳方，不在那邊時，不久即歸。失物擺的地方變換著，好好尋覓會明白的。遷居旅行遷居不很好。旅行近處無妨。訴訟談判，一時中止的反佔勝利。買賣速則兇，宜守著驚駭，不可做新事。市價有往來而難定。參考恆，長久也。朱（熹）注為備。世俗誤為恆久當它是易義，便以為如金如石，其實大大不對。恆是相生而循環不已之義。又雷風而物相互陰鬱無光，乃暫時相別。所以住居不安，親人相離。有身心變患之兆。萬事有變而後宜之意。突然之災難或急速之事，當謹慎。天時，晴。猜物，是常需用的，旅行用的東西等。

變卦：初爻，雷天大壯。二爻，雷山小過。三爻，雷水解。四爻，地風升。五爻，澤風大過。六爻，火風鼎。

33.遯

天山遯（111 100）撤退隱蔽之象，勞而無功之意。此卦遯者退也。住所等事，很多辛苦。思慮不定，諸事錯誤。詳細說時，恰如心分而為二，究竟選擇那一樣，很難決定，所以思慮過度，往往會拋去良好的，反取惡劣的。這種時候，非借親切者或尊長者的智力，就易有錯誤而失敗。又此卦有嫉妒之意。每一件事，看來似乎成就，其實都不行，反有兇損艱難。目前的事，輕的可以做得。又從他處歸故鄉，便吉。把它分別判斷起來時：希望中途等有妨礙，難以成就。錢財託人時，聽憑前途的意見辦去，後來就會很好。開業就職強要做成時，後來必致後悔。婚姻不成。即使成了，後來也凶。生產略微有

些重，是產男兒。疾病輕雖輕，也會延長，所以要注意才是。又長病的人，不能會快。候人有了障礙，往別處去了，目前不來。逃亡早些便明白，日子經過一長久，往遠處去，不回來了。方角（位）是戌亥。失物在戌亥方，早些可以明白，遲了便入他人手中了。遷居旅行吉方便無妨。旅行在目的地會有障礙的，所以中止的安全。訴訟談判這裡一下手，就會延長。太強硬時，費用大，而有損失。買賣價很昂，其實有跌兆。市價不高。即使高，也不突然，又沒有極甚的下落。參考遯有退避之意，又有隱之意。百事不利進，而利退，不利始，而利止。具有斷絕之意，有危之意。倚賴處皆空虛。此卦先惡而後通。所以在很難之時得此卦，乃艱難消散之吉兆。天時，雨，而且繼續著。人都宜正心慎身隱德才好。猜物，是有花紋的東西。

變卦：初爻，天火同人。二爻，天風姤。三爻，天地否。四爻，風山漸。五爻，火山旅。六爻，澤山咸。

34.大壯

雷天大壯（001 111）多此一舉之象，不為人知之意。此乃長於陽盛之卦。猛虎生角，多此一舉，不倫不類，諸事有誤，而易遇勞苦艱難，或離住所而不安。為著強兇霸道的人受苦。對金銀材寶有苦勞。看來象很好，也不成就。詳細說時，恰如羊在牧場籬笆，把頭鑽出來，要前進時，被身體阻礙著，要後退時，又被角阻礙著，無論怎樣都不行。隨便和事，生了意外的障礙，不能做成什麼，又不能廢止，只是再三想著。所以萬事宜注意，有節制約束的做去才好。又有意外災難。家中口舌紛紜。自己正直做事，世間亦無人知道。

宛如穿美麗之衣,在黑夜行路,這時期真是乏味的事情多。又不可噪急。無論何事,起初難成,後來自然得宜。又有騷動之意。把他分別判斷時:希望似乎成就,竟不成就。錢財託人時,急則不成。過了時候,便有想不到的時候會來的。開業就職現在非其時。婚姻中止的好,強要成婚,後來要離婚的。生產非極注意,必有驚駭。疾病一疏忽便加重。那久病之人,更不能全治。候人目下不來。或者竟有人去了信,也沒有回音來的。逃亡赴遠處,不回來了,但是有消息。失物已入他人手中,難以出現了。遷居旅行還是不動的安全。強要動時,便有飛來橫禍。旅行也是中止的安全。訴訟談判還是和解的好。尚使太強硬了,前途會躲著,反有損失。買賣若是低價,以後會高,高價後來會下落。市價會突然上升,然不能永久保住。參考壯者,盛大也,強猛也。此卦如有花無實,似大吉而不吉。眼睛看得見,手裡空著。有在中途失去親密之意。有被人屈服,或恨或怒之意。佔文藝的事,有吉兆,此外進行俱不利。此卦又有壯圖之意,宜乎止。天時,雨。有施物於人之理,事物有賒借之理。猜物,是重要的東西。

> 變卦:初爻,雷風恆。二爻,雷火豐。三爻,雷澤歸妹。四爻,地天泰。五爻,澤天夬。六爻,火天大有。

35.晉

火地晉(101 000)天時地利之象,謹慎進展之意。此卦有朝日升上之象,漸次繁昌,有於立身發達之意。又有受人親敬得尊長恩惠之意。雖有住所變動之意,即使住所沒有移變,對於財產有與以往大異之意,實是吉事。詳細說時,恰如旭日在東天發光,本來的黑

暗世界，突然明亮。一向憂慮勞苦的人，萬事都很順手，心中愉快，愁眉大開了。然而這種時候，總之只想前進，於是不留心足下，便弄出料想不到的破壞來了。所以什麼事都宜注意。因此要斟酌時宜。借婦女之力，與尊長的婦人親切的婦人，商量行事，便不失敗，雖略微有些難，努力而不忘注意，即可成功。又此卦有與長久中絕的人相遇，與不和的人和睦之意。又有事物顯著之意。分別判斷時：希望略微遲些，必能成就。錢財托人時托婦人，或南方，或未申的人，便成。開業就職不拘何事，十分有希望的，都無妨。婚姻甚佳，趕緊做去，必能成就。生產在日中生，極安。疾病年輕人是重症也會痊愈。老人有些擔心的。候人有信，或來。逃亡雖用信通知住處，還是不歸。遷居旅行吉方是不妨，旅行亦無障礙。訴訟談判從這裡進行，一無妨礙。買賣漸次入高價，是損失的。市價漸次上升，市價鎮靜時，會突然上升。參考晉者，進也。日出地上之象。所以晉有明之義，出暗而進於明，出苦而進於樂，百事大吉。求財謀事成就。天時，天氣大佳。猜物，是把細小東西而做硬的，從前有用，後來無用的東西。

變卦：初爻，火雷噬嗑。二爻，火水未濟。三爻，火山旅。四爻，山地剝。五爻，天地否。六爻，雷地豫。

36.明夷

地火明夷（000 101）暗中尋物之象，靜候待時之意。此卦乃日入地中，不分明之意。所以人也失其所思，當艱難迷惑。夷者，傷也與失錯之意，故什麼事都宜謹慎。然此卦是始困窮而後榮華之卦。因此終究會立身發達，或受意外的婦女災難。與人隔著音信。

在這時候，要籌劃經營，發著願望，想立身發達，卻致受禍。宜晦智待時。婦女等在此時期，總之容易生分別之心。但是惡時期不會永久繼續。現在如黑夜那樣的運勢，一會兒東方發白的時候一到，便是旭日東升的時候來了。所以不必落膽，可以靜待良好時期。把它分別判斷時：希望有妨礙，不能急成，遲就行。錢財託人的事亦然急則不成。開業就職現在不是著時候，可等時候到來。婚姻說話似乎很好，但時在決行時，會破裂的。生產是安產，但是小兒很虛弱。疾病一疏忽就危險，久病之人，尤難痊癒。候人有障礙，不能即來，亦無信。逃亡現在無論如何，不會曉得住址。失物在西南方，一時不會出來。遷居旅行遷居雖是吉方，後來有意外之災難。旅行無論是商業上事，及其他事項，總之中止的安全。訴訟談判到底，沒有勝利之望。買賣任意做去，便大損，守舊有利。市價急急會下落，下落到了時候，會上升的。參考夷者傷也。思慮不決。住宅有辛苦。且有意外的災難錯誤。然而內明外順，又有平易之義，無憂慮事，不久即吉。當避他人之疑，有休息之意。天時，有雨。猜物，是瓷的，易破的，裝飾的，拋棄著的，圓的，輕的東西等。

　　變卦：初爻，地山謙。二爻，地天泰。三爻，地雷復。四爻，雷火豐。五爻，水火既濟。六爻，山火賁。

37.家人

風火家人（110 101）窗內望月之象，合家悠閑之意。此卦乃合家安寧。萬事由婦人做去大吉。有名利之望。起初對事物似乎難以任意做去，但是可以得到他人的親密，而漸漸適宜。詳細說時，

恰如月光射入窗中，照耀室內，雖不能識分那東西的，黑白總明白了。即無大吉事，亦無大兇事，是極平穩無事的時期。人能平安無事固然很好，不過過分無事，似乎無聊，於是要一樣一樣做起來，自己去招禍患來了。所以這些事情，不可不注意。把它分別判斷時：希望雖能成就，但很遲緩。經過婦人大吉。錢財托人時，宜托尊長或親戚的婦人，便能成就，不過略微遲些。開業就職都不宜堅守從來之業，可得意外之援助。婚姻托婦人做媒，即能速成。生產是安產，生女兒。產後不可不注意。疾病會變重，宜請東南醫生。候人這裡發信去，就可以來，大約有同伴的。逃亡徬徨各處，住所不定。失物一尋就明白在何處，但是不能立刻出來。遷居旅行遷居不妨。旅行有同伴大吉。訴訟談判與尊長或親戚的知人商量，從他意見辦去，為得策。買賣性急則損，後來吉。市價平淡而有往來，人家的對他安穩。參考雖有家人在家內親齊之意，而當世之人，這樣的很少。所以大概家內不安，憂苦不斷。宜防爭論口舌，宜慎婦女煩惱，婦女多妒而淫，有破財之兆。離家鄉等不利。求財謀事難成。遺失，在東南。天時，晴。猜物，是可以救助人的，重寶的，彩色花紋的，裝飾的，常使用的東西等。又有人之出入不可不待時之理。

變卦：初爻，風山漸。二爻，風天小畜。三爻，風雷益。四爻，天火同人。五爻，山火賁。六爻，水火既濟。

38.睽

火澤睽（101 011）各有己見之象，分道獨行之意。此乃人心相背離，而難以成事之卦。但在學者等有時會大吉。詳細說時，外

觀甚佳，其實齟齬的地方很多。譬如自己以為圓的，人家便說方。人家很親切地說話，我聽來似乎於我有害。往往與人家意見相反了。這種時候，應當定了心，不要反對人家親切的說話。又不可輕易聽信人家的話，萬事宜注意辦理，否則目的就會達不到，便弄得後悔了。此卦又有婦女煩惱。宜謹慎爭論口舌。有嫉妒之意，心中多辛苦。又有財寶散亂之意，與人中斷之意，欺偽之意。占婦女而得此卦時，大凶，即此婦女有惡計，或有奸淫等事。把他分別判斷時：希望難成。錢財好好辦成了，因著自己的猜疑，便致破壞。開業就職都不是時節，強要求時，必有後悔。婚姻前途的念頭與這裏的念頭，相差太遠，因此不成。生產在午日酉日生，產婦有驚嚇，當注意。疾病以為不見得怎樣，不料會意外加重。候人男人會來，女人不來，但是兩者都有消息的。逃亡為金錢問題或婦女，逃走的，在南方。失物問女人便明白，宜急不宜緩。遷居旅行遷居後家中有紛紜之兆，所以凶。旅行在目的地有爭論。訴訟談判非節（制）約（束）做去，便有意外之禍。參考睽者，乖異也。火在上面，澤在下面，中女少女不同志，都相背著。所以事情一切有妨礙，不能如願。當知有欺偽。又內悅外文明，因此小事吉。這是和悅之象，無剛正而難成大事。然而若是德行文藝過人的人，便大為發達。常人凶。方圓長短相背，而各相通其用。鳥飛獸走，應當看著人，話斷，便可中的。有悶之意，有疑之意。總之合家不安寧，有破財之兆。天時，雨。猜物，是製造的東西。

變卦：初爻，火水未濟。二爻，火雷噬嗑。三爻，火天大有。四爻，山澤損。五爻，天澤履。六爻，雷澤歸妹。

39.蹇

水山蹇（010 100）障礙衰落之象，遇災險止之意。此卦乃龍失珠之意，非常辛苦。詳細說時，恰如樹梢高鳴的蟬，秋風一吹，聲音便很悲傷的斷斷續續，叫一兩聲罷了。一向運勢極盛的人，也是苦難極多的時期了。所以事無大小，或照顧他人之事，或其他事項，還是中止的有益。強要做時，便有障礙，什麼都做不成。又此卦凡住所有苦勞。事物有狹窄之意。又為見險而止之卦。所以注意著便沒有大凶。隨人而吉。總之有不安之事。分別判斷時：希望難成，但後來很好。錢財托人也自己做不到的，所以還是斷念的好。開業就職都是中止的好，強求也不成的。婚姻最初的話似乎很好，實際不行。即使成就，也不利。生產略有些難產，不可不注意。但是生男孩子。疾病是很重的病症，久病之人，不會痊愈。候人他很困難著，所以目前不會來。逃亡在近處，好好躲著，一時不會明白。失物或盜去，或自己失落，而已入人手，不會到手了。遷居旅行現在的地方很沒趣，但是搬也不宜。旅行途中有障礙，還是中止的好。訴訟談判雙方都有損失，用相當的條件和解的好。買賣一疏忽便會失去好容易到手之利。市價立定，無高下。參考財者，難也，危險在前，止於山下，不能前進，所以有難，住居有勞，身心有憂，所謀皆空，毫無可靠之處。乃貧窮困難之卦。好好謀去，必有輔助之人，終至大吉。凡此卦不問貧富，心中必有困苦疑慮。天時，雨。有立不起之理，狹窄之理，無聊之理。猜物，是賒欠的，拾了擺著的東西等。

變卦：初爻，水火既濟。二爻，水風井。三爻，水地比。四
爻，澤山咸。五爻，地山謙。六爻，風山漸。

40.解

雷水解（001 010）脫困解放之象，進展緩緩之意。此卦乃魚
逃出網之意，把難解散也。所以人也有危難，可以逃出來。然而不
好好謹慎，又有禍殃。詳細說時，如春初草木破核而出芽，與以往
大異其境遇。所以向來多憂慮之人，就有喜來。向來多苦勞之人，
就有樂來，萬事很順手。然因此被酒色亂費金錢，或怠惰焦急，往
往會生蹉躓。這些都須十分注意。此卦尚有互相交感之意。把它分
別判斷時：希望早些辦去，或者會成，遲了就難。金錢托人時，說
明暸實情去求他，必定成就。開業就職當不怠努力，必能有利。婚
姻吉。但到後來，宜防意外之災。應當是親戚間或一向熟識的人結
婚。生產是安產，可生兒子。疾病有痊癒之兆，久病便危險。候人
這裏送了信去，立刻就來，又與同伴一同來，也說不定。逃亡尋覓
也一時不會曉得，然而在那邊會有消息來的。失物當搜索高處水
邊，立刻回到手。遷居旅行遷居不妨。旅行在目的地有吉事。訴訟
談判等慢吞吞，便不能勝利，當正直而急急。買賣有損失，當注意。
市價起初看來似乎很好，後來必下落。參考解者，脫也，釋也。釋
放厄難之義。然遲滯而難通。不易迅速消散。憂雖脫而喜不生。思
慮不決，住居不安。有破財之兆，宜防盜賊等障礙。又解，有分離
之義。天時，久雨。猜物，是組織很好的，賒借的，有數的，排列
的，扎緊的東西等。

變卦：初爻，雷澤歸妹。二爻，雷地豫。三爻，雷風恆。四爻，地水師。五爻，澤水困。六爻，火水未濟。

41.損

山澤損（100 011）損己利人之象，積德求吉之意。此乃減省而物有損失之卦。但在今日之人，反很相宜，後來可得利或名。樣樣都是最後得宜。詳細說時，乃奢損有孚之意。因此是減自己之物，增他人之物之象。所以往往為親友他人之事，費時刻損金錢。然而為人施情，決不會白白丟掉。損了自己費用去救助困窮者，後來必有十倍百倍的幸福會報酬。不必想事之良否，大概多數的事，為他人勞力，必定有報答。自己的目的，也可達到。把它分別判斷時：希望急澤不成，徐徐辦去，便可成就。一次難達時，二次三次做去，必成。錢財托人時，先把他所托的事，我替他一做成，便行。開業就職共同事業等，略微勞力些，後來大吉。其他忍耐著，漸次有利。婚姻再三託人做去，便成。生產極安產。疾病雖略微費事，倒也可以治。候人由這裡送一信去，雖略微遲些，總會來或有信來。逃亡有女人同伴，在東北方，一時不回來。失物在物下，一時不會明白。遷居旅行吉方就不要緊。旅行在目的地有障礙，回來必比預定遲滯。訴訟談判借尊長或他人之力做去，可以勝利。買賣後來有利，不可急急。市價變動少，雖有往來，亦不大。參考損者，減也。損彼益此。損人欲，而有誠。自己大損而惠人之不足也。自損，有本（則）始，無則損而無物。此卦小人吉。天時，雨。有破之理，整齊之理。猜物，是有邊的，可挾取的，彩色的，有響聲的東西等。

變卦：初爻，山水蒙。二爻，山雷頤。三爻，山天大畜。四
爻，火澤睽。五爻，風澤中孚。六爻，地澤臨。

42.益

風雷益（110 001）滿溢欲破之象，耕耘求利之意。此卦乃上
下咸動，安而不定，所以住所不安，身心不定，很有辛苦。有意外
的災害兇損，應當謹慎。詳細說時，恰如風吹著池潭的蘆葦，在那
裡鬧。因此身心精神不定，往往動搖而難決。這種運勢的時候，總
之與一向親密的人也會衝突。竟有人致受意外的驚嚇或被色情等弄
得失策。所以萬事宜注意，勿有輕率舉動。宜努力奮鬥，於是努力
耕耘，有意外的人來援助，萬事順手了。把它分別判斷時：希望難
成。錢財托女人，便有成就之兆。開業就職宜與此道有經驗的人商
量，方無阻礙。婚姻說話雖很好，中途會作罷的。生產雖略有障礙，
大概是安產。疾病不注意就會弄得不可挽回，久病便不治。候人前
途也有來的意思，不過心還不定，一時不來。逃亡或在東方辰巳方，
居所不一定，然而不久就會回來。失物東西不會出來，問婦女便會
明白。遷居旅行遷居吉方便無妨。旅行不可長久，在那邊，不能不
歸。訴訟談判等，從尊長的意見大吉。買賣因人而異，有的可得利
益。市價大有往來高下，然而不止在高處。參考益者，增也，饒（討）
也。此卦有滿溢之義，能遇災害。又有（衍＋心）而迄他人之意。
住居不安寧。宜謹慎虛驚或破財。猜物，是堆積的，開放的東西等。

變卦：初爻，風地觀。二爻，風澤中孚。三爻，風火家人。
四爻，天雷無妄。五爻，山雷頤。六爻，水雷屯。

43.夬

澤天夬（011 111）好高鶩遠之象，弄巧成拙之意。此卦乃剛強太過。性急便應當當心傷害事體。又雖為大器決斷之人品，但柔和而不能忍耐。詳細說時，恰如十六夜的月，外觀照耀的很亮，盈則必缺，從此要一天一天缺起來了。所以事物有破潰之兆，萬事不可忽於注意，不想前後。做出無謀之事來，必定會後悔，做成無可挽救。恰如小羊在籬上擦頭，以為很樂，不料彎曲的羊角，擦入籬中，變成進退不能的命運了。應當勿輕易聽信人家的甘言，上當做去。又此卦凡筆據等事，頗多苦勞。住所亦然。又心中有苦而不安之意，與人中絕之意，應當謹慎。把他分別判斷時：希望有妨礙不成。錢財託人誠實而再三囑託，也或者會成。開業就職現在不是時候，強要做，反有後悔。婚姻大概是良緣，不過會生不平，而難成。生產疾病略有患難，不可不重視。宜節食物，勿發怒。候人有了不合意的事，不來了。這裡去一封信，會來的。逃亡雖在西方，目前不會分明。失物早已到了他人手中，所以東西的所在，過了時候，是活曉得的，可不會到手。遷居旅行吉方便不打緊。旅行有金錢的損失或驚嚇。訴訟談判很正直的強硬到底，必能勝利。買賣守舊佳，當知有損失。市價高的時候下落，低的時候上升。參考夬者，決（破）也，潰也。此卦有散亂而物破之意。和順則無咎，剛強則人心離，災害至。有疑慮，有破財之兆，有遇災難之意。然而有外助，可以做人的首領。天時，陰。有見血之理。猜物，是有口的東西。有欺侮忍受之理。

變卦：初爻，澤風大過。二爻，澤火革。三爻，兌為澤。四爻，水天需。五爻，雷天大壯。六爻，乾為天。

44.姤

天風姤（111 110）水果熟透之象，亂規誘惑之意。此卦乃一陰遇五陽，如不貞之女。所以有爭，又有寵愛之憂。有不期而遇之意。商量的事，一切託人便行。又此卦有物集而散之象，無定之義。因此人也有思慮不定的迷惑之意。詳細說時，恰如氣候中的夏至節，從此一天一天短起來了。外觀似乎很盛，內容實有衰兆。非常的要當心。所以叫果在樹頭之象。果實熟而在枝頭，本來是很好的，但是一不當心，墜在地上，便潰爛不能吃了。總之事物都有障礙。以為是成功了，不料被障礙所破了。所以萬事宜十分注意。分別判斷時：希望似乎可成，其實有妨礙而不成。錢財託人時有女人阻礙，不能成就。還是今日重新去辦的好。開業就職都不可粗忽，俱要失敗的。婚姻有尊長阻礙而不成。生產略有懊惱，產婦的身體宜注意。疾病即使是輕症，也不可疏忽。久病之人，更宜注意。候人怕著尊長，或是被女人妨礙，不來。逃亡有人藏著他，一時不會明白。失物是婦女藏著，尋西北方，大吉。遷居旅行吉方便無妨。但為著女人的障礙，不能如意。旅行從尊長的話，便無錯誤。訴訟談判等託了居間人，和解的得策。女人更吉。買賣賣去有利，宜注意。市價低的時候漲，高的時候跌。參考姤者，遇也。非所望之處，竟會突然遇到，即不期而遇。小事去，始吉後凶，有意外之幸。由他人的助力而可以立身發達。身上有不相應的希望，便犯上受禍。有口舌

爭論，有疑惑誤事之意。大事與男子是不利之卦。天時，陰，有風，略有雨。猜物，是細長的東西。

變卦：初爻，乾為天。二爻，天山遯。三爻，天水訟。四爻，巽為風。五爻，火風鼎。六爻，澤風大過。

45.萃

澤地萃（011 000）功成名就之象，集合凝聚之意。此卦有物集會而繁昌之意，諸事吉。雖有金銀財寶聚集之意，而有爭論之障礙。有與中絕離別之人邂逅或親密之意。又有忌惡之事，宜謹慎。詳細說起來，乃鯉魚跳龍門之象，所以有物集伸之意。不必急急把事情做去，便會成就。鯉魚登龍門，必有許多阻礙。因此得此卦的運勢，雖說可以伸，也是一點一點的伸。心中很焦躁要一次放大，反陷入困難。又此卦乃祭祀祖先之卦，人能不忘自己生來的根元，在家庭內不必說，與親族等親密著，靜靜處事，便成吉運。把他分別判斷時：希望可成，然宜防婦女的妨礙。錢財託人勿急急，從根本上好好做去，七八分可以成功。十分是做不到的。開業就職宜守從來之事。妄自變更，必致失敗。婚姻有相當人的媒介，便可成事。直接的婚姻，往往容易破壞。生產西日或未日生，是安產，多產女兒。疾病往往是飲食上得來的病。久病的人很難痊癒。候人雖遲也來，大約是西日卯日。逃亡有同伴，往西方去，現在很困難。失物已入人手，不能取回。遷居旅行中止的吉。旅行有意外的破財，會損失金錢。訴訟談判多不利益，還是和解的好。買賣要為他人受損失，宜謹慎。市價有往來而低，然而眾心所集，大有強氣，後來會低。參考萃，聚也。

和順而相應，不耽（誤）於利欲，此乃集富之卦。一切的人，不可當做吉。凡日日集會為市的人，又住居在這一帶的人，雖無吉兆，也很相宜。求財謀事之類，宜與人同求。天時，晴。現在的人，自身雖卑，當與富貴之人交，心當正直，口有禍殃。有勝負等事之理。

> 變卦：初爻，澤雷隨。二爻，澤水困。三爻，澤山咸。四爻，水地比。五爻，雷地豫。六爻，天地否。

46.升

地風升（000 110）春風嫩葉之象，借力進步之意。此卦乃草木在地中而漸次向地上發達之意，漸漸會立身出世。有住居之勞，心不安寧。然漸漸有吉事。詳細說時，恰如春初嫩樹伸長，幹雖長，根長得還不足，所以略微有些風一搖，根就鬆了。一向不如意的事，也能稱心，慢慢做去。但是心裡焦急著，要想立即成功，反易失敗。但事物有順序，登梯子也須從下面一級一級上去。一口氣升上去，便致受傷。所以逐次上去，不勞力亦無過失。遲雖遲，結果是很順利的到上面了。萬事當循序漸進。把它分別判斷時：希望長久才成，速則兇。錢財托人可以成就，急則無效。開業就職守從來之事。或新計劃，要一時成功，就會失敗。忍耐著守候便吉。婚姻不把前途調查確實，就會生意外之誤。生產是安產，生女兒。疾病病候人辰日或未日來，去的人必達。逃亡問老婦便明白，一過時候，便往遠方去了。失物經過了日子，會偶然明白。遷居旅行遷居不妨。旅行無論何人，會遇到吉事，會比預定日數多。訴訟談判還是和解的有益。買賣可得小利。市價漸次上升。參考升者，進也，登也。又十

合曰升，量也。得此卦者，雖吉，而未必一定吉。疑而不決。常有不足之意。夫婦有口舌，宜慎。有了立身發達的，反有苦勞，離鄉背井之類，不利，應當思慮。身不進而事前進。天時，雨。有激烈之理。猜物，是細工的，有升上卸下的東西等。

變卦：初爻，地天泰。二爻，地山謙。三爻，地水師。四爻，雷風恆。五爻，水風井。六爻，山風蠱。

47.困

澤水困（011 010）四面楚歌之象，境惡待轉之意。此卦乃困窮艱難，諸事不自由。自己之志，不能通達，苦勞極多。有離住所的苦。對妻子等也多苦勞。然有得貴人之救而立身發達之意。雖困而後來有榮華之樂。疾病宜慎。再詳細說時，恰如冬日寒冷的天，一隻鳥在枯樹上，在何處做巢，很難決定。似乎等候著同伴似的聲聲悲鳴，什麼事都不如意。焦急則愈急愈困窮。在這種時節，應當暫時忍耐著，等候時候到來。把他分別判斷時：希望難成。大概兇。然有時會遇人之救而成事。錢財託人急，則不成。所以緩日再辦的得策。開業就職現在不是時候，應當忍耐著從來的事做去。婚姻無論如何很好的親事，總有一次要破壞，第二次談起來，便行。生產產前注意著，便能安產。一疏忽，就要流產。疾病不注意飲食，單單用藥，頗難痊愈。久病更難。候人這裏雖思念著，前途並不想，所以不來。若是來，也很遲。逃亡有女人同伴，或在水邊，很困難著。失物在一時瞧不見之處，方角（位）是西。遷居旅行遷居也無吉事。旅行是中止的安全。訴訟談判做的不得法，更弄得紛糾，會

陷於困難。買賣宜守舊。新買賣有損失。市價極弱，是跌落最甚之
時。得到此卦，可以知道會升了。參考君臣父子夫婦兄弟中有勞苦，
很難堪。又有破財之兆。有往來於他鄉，不能安居之意。有（贊）
譽而無（誹）謗。此卦是出險而有喜之時。天時，大雨。猜物，是
裝入中間的，進出的，組織極好的，土可製成的東西等。

變卦：初爻，兌為澤。二爻，澤地萃。三爻，澤風大過。四
爻，坎為水。五爻，雷水解。六爻，天水訟。

48.井

水風井（010 110）守法防刑之象，自不量力之意。此卦萬事
不宜改變，各各守著當然的職分做去。勿妄自入手新規劃，都有損
無益。思慮不動，心頭有依靠，也沒有什麼大的災害口舌。詳細說
時，凡新計劃什麼事，或是變更以往之事，總之是身心活動，還是
不動的吉。有病夫入市之意。恰如大病人，過分長久的病著，要略
微看看外面的情形。打算到繁華的市中，一時看看異樣的東西，可
以叫眼目喜歡。但是尚未痊癒的病人，要步行市中，是很不宜的。
得此卦時亦然。要動了身體去計劃什麼，還不是這時節呢。所以現
在要略待時節。不如在從來的業務上努力奮鬥。把他分別判斷時：
希望難成。有時也能成就一點。錢財託人的事，過分焦急催促，反
把能成的事，會弄得不成。開業就職不宜改變婚姻說話雖很好，其
實會破壞的。生產疾病若不注意，便有大煩惱。候人這裡雖有信去，
無奈有不能來的事情，一時不來。逃亡尋也一時難明白，無意中可
以從他處得到消息。失物在北或西方，一時難以發現，過了時候，

便能尋到。遷居旅行遷居延期的好。旅行在目的地會遇到困難。訴訟談判，事從根本上做去，必勝。買賣因著人的注意如何，略微能夠得利。市價弱。若是屢有變動時，後來必定大低落。參考巽木入坎水之下，將水提出，是井之象。井字與刑字通。忌公事，有刑戮之意，有窮曲之意。稍通而大滯。思慮不定。住居多虛驚。有色憂之意。離鄉背井之類，無利。從別處歸來吉。天時，雨。有著口之理。

變卦：初爻，水天需。二爻，水山蹇。三爻，坎為水。四爻，澤風大過。五爻，地風升。六爻，巽為風。

49.革

澤火革（011 101）化廢為寶之象，變而求通之意。此卦萬事宜改革。以往所做的事，若是已無用處，那麼速棄舊從新。乃內明外悅之義，一切都能成功的。詳細說時，是化腐草為熒之象。化腐草為熒，放出美麗的光來，為人所愛。現在雖沒有什麼趣味，應當不怠努力，必定有天運到來。又此卦有住宅的苦勞，或有修理等周折。有色情，宜謹慎。女子煩惱。有物盡而始之意。雖能立身發達，也很遲。爭論宜謹慎。雖有福，有被隔之意。把它分別判斷時：希望無障礙。起初雖難成，後來便成就。錢財托人事，過分急，反無益。應當不必急急，屢次去托人，或托了女子，也比較的能夠早些成就。開業就職既如上述，著手新事，有利。婚姻雖能成，非把前途調查清楚，容易生錯誤。生產生男兒，應當注意產後的煩惱。疾病有意外的變動，不可不注意，久病大抵難治。候人女人來得極早，男人來也很遲。逃亡一問女人，意外的會早明白。失物已入人手，

不會回來。遷居旅行遷居吉方,便無妨。旅行宜西或南。訴訟談判略微費時,但是勝利的。買賣正當則有利。市價強,到了低落的時候,必能上升。參考革者,利於改而去惡之謂。不可妄自變動。天時,晴時雨,雨時晴。

　　變卦:初爻,澤山咸。二爻,澤天夬。三爻,澤雷隨。四爻,水火既濟。五爻,雷火豐。六爻,天火同人。

50.鼎

　　火風鼎(101 110)燒煮烹調之象,漸入佳境之意。此卦是改革事物。鍋為煮物而供食用之具,化堅成軟,煮腥成熟,都有變革之義。所以宜去舊而新事開始。爭論宜慎。住所即筆據之類,有口舌,然而可以受福,可以得到好友。把他詳細說時,宛如用鍋煮物,無論甜的辣的,因著水與鹽的關係,便弄得很可以吃。也會成惡劣的滋味。萬事宜注意著,在這分寸上注意,便能得好結果。如果不注意,過分焦急行事,就會誤把鍋子打翻。所以無論什麼事,應當適當的鄭重做去。就是以為難的,也意外的容易了。分別判斷時:希望可成,宜求他人之力。錢財託人時略有障礙,但從根本做去,便可成就。開業就職婚姻前途正看著這裡的情形,所以鎮靜著便成就。生產生男兒,母子都康健。疾病養身為第一,必能痊癒。候人前途也正想來,這裡有信去,必定能來。逃亡勿憂慮,到沉靜後,便有消息。失物在高處,因著品物如何,或者會在廚房等處的。遷居旅行都吉。但旅行時,家中會生擔心的事。訴訟談判很穩當的說去,解決極快。買賣有損失,買進有利。市價人心極強,有非常的

上下。參考鼎者，訂也，又新也。有恐之意，傷之意。又（有）鼎足之義。有破財之兆。婦人的妨礙。凡離鄉背井之類，毫無障礙，利於同行。天時，雨。有定之理。（猜物），為廚房用具之類，是幾種東西聚著一起做事的，是有水火之緣的，方便的東西等。

變卦：初爻，火天大有，二爻，火山旅。三爻，火水未濟。四爻，山風蠱。五爻，天風姤。六爻，雷風恆。

51.震

震為雷（001 001）二龍競珠之象，有聲無形之意。此卦本有幸福，乃繁昌之卦。但常人大概不宜，是有聲無形的卦，吉凶都沒有象起初聽得的那麼厲害。詳細說時，勞心的事，憂愁的事甚多。往往身心都難定。所以是二龍競珠之象，有聲無形之意。自己打算這麼做去，便有競爭者出來妨礙，弄到不能如意。又好好把事情做到差不多成功了，哪知只有空言，毫無實際。無論什麼都不能借他做助力。正是齟齬很多的時期。所以應當不用一己的意見，與尊長或知己的人商量了，從他意見做去，萬事便沒有錯誤。又此卦有驚嚇，物有變動之意，又有躁急之意，有流言之意，有怒而破物之意，應當謹慎。分別判斷時：希望似乎可成，但有障礙而不成。錢財託人的事亦然，似乎很容易成就，哪知竟做不成，還是暫待時機的有益。開業就職忍守著舊有之事，便有利。婚姻初婚必破，再婚反吉。生產略有障礙，但沒有什麼大要緊，不過宜注意為是。疾病即使一時可治，有再發之虞，不可不十分治療。候人近處的人來得很遲，遠方的人反來得快。逃亡有同伴，意外的赴遠處去了。失物已拿往

遠處去，不能出現了。遷居旅行遷居是一次不夠，還要搬的。旅行在前途有驚。訴訟談判，這裡性急，前進便有損失。買賣實義則可至得利。市價有往來，後來會高。參考震者，起也，始凶終吉。大人（有識之士）吉，常人性急而事不成。有聞遠處的消息而虛動苦悶之意。住居不寧，思慮不安，爭論宜慎，求財謀事難成，然略微能得力。天時，有雷雨。猜物，是有數的，長而扁的，有生命的東西等。

變卦：初爻，雷地豫。二爻，雷澤歸妹。三爻，雷火豐。四爻，地雷復。五爻，澤雷隨。六爻，火雷噬嗑。

52. 艮

艮為山（100 100）勞而無功之象，冥思苦想之意。此卦宜止而進有損。又是憂喜二山相重之義。所以事物難以通達成就。有危險艱難。又金銀財寶有損失。然有自外得救助之意。有進而忘歸路迷惑之意。有鄭重之意。住宅有苦勞。詳細說時，乃山上鎖關之象，葛藤纏身之意。恰如旅人行山路，頂上有關，門已鎖著，阻止往來，又為葛藟絡足，身體不能自由，欲進不得。想的事，做的事，一點也不能進行。所以不用徒然焦急，什麼事都一時打斷念頭的好。又有一次廢止了會第二次再做的。但還在運氣閉止之時，所以萬事節約著，等候運氣之回復，乃是萬全之策。分別判斷時：希望似成而難成。錢財托人時，不能照我希望那麼做去，還是中止的好。開業就職要在本業以外下手做什麼，還是中止的好。婚姻屢次談著，還是不成。生產略微有些懊惱，是生女兒的。疾病一時不能全治。久

病之人，更難會快。候人已到途中，有了什麼障礙，不能來了。逃
亡最初一時在近處，歇了一下，赴遠處去了，不能急急回來，也不
會通知住址。失物在高處或重物下，一時難明白。遷居旅行住居有
把一家分做兩宅的，總之凶。旅行近處無妨，遠處中止的好。訴訟
談判不如和解的得策。買賣漸次可以得利，宜注意受欺。市價雖漸
漸上升之兆，但一時不會上升。參考還複而不進也，限止而不通也，
辛苦不絕，百事有錯誤障礙。又必不和，憂多而喜少。退止而無虛
動。進退必有禍。天時，雨。猜物，有用指挾取之理，提拔之理，
有花紋彩色的，有數的，可卷可折的東西等。

　　變卦：初爻，山火賁。二爻，山風蠱。三爻，山地剝。四爻，
　　火山旅。五爻，風山漸。六爻，地山謙。

53.漸

　　風山漸（110 100）山上植樹之象，千里起步之意。此卦有山
上植樹而茂生之意。人也可以立身發達。是女思男之卦，總有色情
及金銀的煩惱。詳細說時，恰如裸山植樹，到樹木生長繁茂的時候
便成了一座很好的山。但是這不可太急。又如千里的遠路，也須一
步一步進行，遂得達到目的地，既與以往不同。而良好的方向，一
步步進行著。所以等候山上樹木成長，不用焦急。當不怠不屈的奮
鬥。所有的事情，總可以成就，然而運勢一佳，往往想一跳就跳上
去。輕率行事，反致失敗，要注意才是。分別判斷時：希望雖有可
成之兆，但有阻礙而難成。錢財託人時，急則凶。宜忍耐等候，便
有七八分成就。開業就職別無妨礙，最要緊忍耐，後來有成功之兆。

婚姻是良緣，可以成，但略微延長些。生產非常安產，多生女兒。疾病常病的再發，會全治的。若是急病，一不留心，便加重，久病大凶。候人由這裡通消息時，辰日巳日可來。逃亡一時在近處，後來會到遠處，早些便明白。失物在東北，問女子便早些明白，否則一時不會知道。遷居旅行與婦人商量了，從伊的意見。旅行別無妨礙，意外的會早回來。訴訟談判，性急便有損。買賣中止的好，有損失可見。市價漸漸會上升。參考漸者，稍進也。順次向吉。又事之由來也。得此卦著，必多事也而有苦勞。有破財之兆，反復很多，應當謹慎。雖有向吉之意，然不可一定，當知在吉凶之間。所以要謹慎，勿誤這道路。天時，雨。猜物，是組織極好的，細工的，活動的，美麗的東西等。

> 變卦：初爻，風火家人。二爻，巽為風。三爻，風地觀。四爻，天山遯。五爻，艮為山。六爻，水山蹇。

54.歸妹

雷澤歸妹（001 011）明知故犯之象，顛倒亂規之意。此卦有不意之禍，應當謹慎。有色情，凡對女子都有障礙。有自己之物自己不合用之意。有商量契約失其期之意，被惡人所阻，使我不能正直，會遇危難，宜謹慎，然漸漸向著吉方。詳細說時，表面似乎很宜，內容實在不見得怎樣。恰如婦人來朋友時，思念起丈夫來了，有自己明知不是，強要想做的意思。又看來象很歡喜，其實內部是空的，萬事都與希望不對。所以一一宜注意。此卦在婦人身上，不生什麼障礙。男子是有意外的障礙的。分別判斷時：希望有妨礙，

一半象成功，一半象失敗。錢財托人時，生了障礙，不過一半罷了。開業就職好好守舊業的得策。婚姻再婚就不妨。初婚還是中止的好，後來會離婚。生產生男兒。疾病是常病的再發。或是從血冒上起的病，大兇。候人一時不來，有消息去，或者會來，也立刻回去的。逃亡被誘往東方，不久即歸。失物女子拿著，一時尋也不見。遷居旅行動則損。旅行在前途有驚嚇，中止的好。訴訟談判容易把事情弄大，還是中止的得策。買賣市價參考女子嫁，曰歸。妹乃少女也。此卦少女遇男，其情以悅活動，都屬不正。有破財之兆，思慮不決而有疑。宜防誘惑。有禍。離鄉背井之類，很不宜。求財謀事之類，一半破壞。天時，有雷雨。猜物，是有聲音的，有手的，可以容物的東西等。

> 變卦：初爻，雷水解。二爻，震為雷。三爻，雷天大壯。四爻，地澤臨。五爻，兌為澤。六爻，火澤睽。

55.豐

雷火豐（001 101）盛大失形之象，初衰將至之意。此卦有盛大之勢。然過大則反失其形。譬如水中之月，目雖見而手不可取。可以把此意斟酌。詳細說時，乃鷹得雛之象。鷹疾風般的捕獲雛時，略微遲緩一點，就被這雛逃去。此卦萬事都吉，不過容易鬆懈的意思。這就是衰弱之初。總之輕率從事，便致與他人衝突或後悔等事。無論何事，宜細心注意。又此卦有虛言計謀，有意外的驚嚇。有損失。凡公事訴訟爭鬧等，都宜謹慎。有得貴物之意。分別判斷時：希望難成。文學等事可成。錢財托人時，托尊長的人，或說明原由，

正直求他，方可成就。開業就職婚姻說話的樣子，似乎很好，實際
沒有如此。不調查前途的狀況，必有後悔。生產略有些懊惱，不可
不注意。疾病輕症也不能疏忽，久病之人，更易危險。候人一時不
來。寄了信去，卯日或午日可來。逃亡在南或東，一時不會知道，
過了時候，便有消息。失物物品已入人手，不會歸還，然而地方可
以知道。遷居旅行遷移不吉。旅行早歸，別無妨礙。訴訟談判過分
前進（逼進）便兇。和解的好。買賣退則吉，進必後悔。市價不會
太高。下落時當漲，春跌夏漲。參考豐者，多也，盛大也，衰之初
也。萬事利於退，而不利於進。減則無咎，增則有禍。有破財之兆，
爭辯之兆。在文化等事，都有吉兆，此外大概兇。含有死喪等憂。
又有驚嚇。離鄉背井之類，常人大概無利。天時，雨。猜物，是大
的，明的，膨脹的，貴重的，袋形的東西等。

　　變卦：初爻，雷山小過。二爻，雷天大壯。三爻，震為雷。
　　四爻，地火明夷。五爻，澤火革。六爻，離為火。

56.旅

　　火山旅（101 100）日落西山之象，失去機會之意。此卦有始
宜後悲之意。萬事宜謹慎。又有月半開之意。小事頗宜。心中如有
物浮著，很為不安。住宅大有勞苦。如旅宿而頗膽小。有失去親人
而困窮流浪之意。詳細說時，乃日落西山之象。恰如旅人獨自走山
路，日暮足疲，無投宿之處，大為困難。因此是始良終兇。又往往
說話很甜，實際竟不容易入手。所以不要被太甜的話所動，萬事宜
足踏實地做去，一會兒便有旭日上升的時節到來。心急的任意亂

做，就有見鳥失矢，失去機會之意，有意外的損失。因此什麼事都宜注意。分別判斷時：希望略能成就，遠求大利，進求不利。錢財託人時，有障礙，不能如願成就。開業就職守舊大吉。但變更時，從了尊長或熟人的意見，即無錯誤。婚姻雖可談得成就，要長久和諧便困難。生產略有患難，生出來的小兒，有病的多。疾病雖一時會痊癒，終究必死。候人來了，在途中有障礙，略微遲些。逃亡已往遠方，一時不會明白住處。失物在高處，或在南方。遷居旅行吉方便無妨。旅行不宜，當防盜賊。訴訟談判有損失，還是延長的有利。買賣守舊雖宜，也有損失。市價低落而不漲，到秋天會突漲。參考困窮不自由之意。又有改變之意。小事吉。喜中含憂。宜防盜賊。天時，雨。猜物，是美麗的，是擺著的東西等。有不能步行乘舟車之理。

變卦：初爻，離為火。二爻，火風鼎。三爻，火地晉。四爻，艮為山。五爻，天山遯。六爻，雷山小過。

57.巽

巽為風（110 110）橫風翻船之象，枝搖幹晃之意。此卦有通達之意。志願可以成遂，然而會從旁邊把事情弄壞。總之宜隨人，可通達。住宅有辛苦。身心不安有迷惑。會遇難，又有從外方得助之意。詳細說時，如風吹動樹枝，枝搖幹晃，總之身心不定，這樣那樣的亂想，正是念頭最多的時節。這種時候，萬事都用一己之見做去，大半有損失。宜與尊長或親切的熟人商量，從他的意見，最為重要。然選人不精，輕易與狡猾的人一商量，便大受其累，所以

不可不鄭重。又在和人家商量時，也應當想了對手的邪，正。事情正當，去進行便大吉。分別判斷時：希望托戌亥（西北）方的人，或托女子，可以意外的早成，但不過志望的一半。錢財託人時，略有所得，但後來有不成之兆。開業就職借他人之力，意外的得宜。婚姻互相有障礙，而難成。生產極安產，辰巳日生，多男兒。疾病似乎即愈，不能立刻高痊。候人來不來，還在思想中，應當由這裡寄信去的好。逃亡不確定在一定的住處，有此處彼處徬徨之象。失物已入人手。因東西的如何，或者會已拿往遠處。問婦人便明白。遷居旅行住居宜選吉方，搬去大吉。旅行無妨。訴訟談判過分強硬，反有損害。買賣初宜後損。當注意跌價賤賣。市價有高下而難定，但後來必定低落。參考異者，數也，入也柔順也。此卦通而不達，止而不久。萬事有名無形，常有反復阻隔，虛而不實，有破財之兆。謹慎外誘，不可妄動。口舌宜當心。天時，有風。猜物，是折疊的，有聲的，貴重的，文化的，可以裝入東西的等。且有相對之理，比較之理。

變卦：初爻，風天小畜。二爻，風山漸。三爻，風水渙。四爻，天風姤。五爻，山風蠱。六爻，水風井。

58.兌

兌為澤（011 011）新月映池之象，眾說紛紜之意。此卦乃喜氣顯現之象，是個佳卦。然有事物無管理而遲遲不進之意。應當斟酌判斷。又有外觀宜而內心不宜之意。又有人集之義。有口舌，有爭端，有色欲的懊惱。身心勞苦而後來很佳。詳細說時，一向是暗

夜，漸漸見有新月出來，映入池中，佳景色如畫。雖有憂愁苦勞，
勿失望落膽，而忍耐努力，萬事大吉，喜事重重了。但這種時候，
易於耽溺酒色，與人爭論。又家內多口舌。世間的評判，謗譽參半，
所以萬事宜謹慎。分別判斷時：希望過半不相宜。事多疑慮而不決，
大概有成就之兆。錢財託人時，宜丁寧正直的囑托，托女人便成開
業就職這是不迷惑而堅守從來之事的時節。婚姻略有口舌，但系良
緣，所以早些定奪的吉。生產略有患難，是生女兒的。疾病一時雖
會好，因著食物，又會再病，病後的養生宜注意。候人從西方來的
人，意外的可早。其它方角之人，遲雖遲，一定會來。逃亡有同伴，
但已往西方，一時不會知道。失物立刻不能知道。打聽婦女最有益。
遷居旅行無論哪一樣，在家庭中從主婦的意見，便吉。旅行略有破
財，但是並不兇。訴訟談判能夠巧妙辦去，便意外的早能了結。買
賣買進很宜，後來大佳。市價平平，久跌之時，必漲。又屢變則必
跌。參考兌者，悅也，集也，通也，按著全通解釋，或有兼通塞之
義。小事吉，大事不成。無益之事，有苦勞。心中不正直。物有變
動之意。離鄉背井之類頗宜。天時，雨。猜物，是有數的，組織極
佳的東西等。有悔之意。

> 變卦：初爻，澤水困。二爻，澤雷隨。三爻，澤天夬。四爻，
> 水澤節。五爻，雷澤歸妹。六爻，天澤履。

59.渙

風水渙（110 010）順風駕船之象，忽好忽壞之意。此卦有解
散之意。乃惡事離身之吉兆。然有散亂之義，有損失。往來遠方，

或諸事由遠處相結，都無障礙。會從橫面受意外的灾難及損失。又勞力極多，頗宜謹慎。有心底不安之意。詳細說時，恰如皓月之影，照在池面，忽然風將月影美景吹散。所以好容易運氣一到，忽而變成惡運。正在惡運之際，忽然又好了。一點也不能安心。這種時期，勿妄自動心，謹慎輕率的行為，自然大吉。把它分別判斷時：希望雖成也很遲，並且不能十足。錢財托人略微可成，有了障礙，不很充足。開業就職新辦大事，非極注意，終歸失敗。婚姻不注意便有妨礙，不能成就。生產子日辰日可生女兒，然而是安產。疾病從疏忽變成大病。久病之人，無痊癒之望。候人不立刻來，要兩三次有了信去，方始會來，或者有什麼回音。逃亡在辰巳方或水邊。雖略微費事些，可以回來的。並且從那邊有消息來。失物已入人手，尋也不會出來。遷居旅行在現在的地方大吉，遷居凶。旅行近則無妨，遠方凶。訴訟談判宜與尊長商量。用一己的念頭做去，易生糾葛。買賣宜守舊而待利，現在損。市價是升的象而必降。秋下而冬日漸次上升。參考渙者，流散也。又上木下水，為舟楫之象，又有通達之義。心中變動，宜留心為是。天時，雨。猜物，是有數有水氣的東西等。

　　變卦：初爻，風澤中孚。二爻，風地觀。三爻，巽為風。四爻，天水訟。五爻，山水蒙。六爻，坎為水。

60.節

　　水澤節（010 011）身陷泥中之象，作繭自縛之意。此卦乃事物滯阻之卦，又有自然適好之意。不違背而可以看見他通達，然大略是運拙的卦。物有限止之意，諸事不宜擴大，有意外之災難，應當

謹慎。詳細說時，恰如狐行泥中，亂動也無用。無論何事，很難進行，萬事不如意的多。因著如此，心裡一焦急，便更陷入深處。宛如自己掘地陷自己了。此卦稱節，乃適度之意。雖一時有喜，這不是永久之喜，後來會成苦楚的根源的，宜注意而慎身體，守分寸，最為重要。分別判斷時：希望關於忠孝的可成，此外不成。錢財託人時，有障礙而不成。所以宜延長了，等待時期的得策。開業就職終成失敗之本，所以中止的好。婚姻雖會成就，不可急急。生產略有患難，宜注意且很遲。疾病是平常飲食不注意，或從女色等得來的病。即使輕，也不可疏忽。候人有來的意思，不過有了什麼障礙，一時不會即來。逃亡有從西方繞往北方之象，一時不會明白。失物一時不明白，過了時候，便能知道竊盜之人。遷居旅行遷居不吉。旅行中途有障礙，回來極遲。訴訟談判這裡雖有理，也會負的。買賣買無利，賣小有利。市價雖高下不適中，而偏於一方，終必低落，春夏略高。參考節者，限而止也，阻也。此卦百事有阻隔而不通不達。自取困窮之意。住宅艱苦難受。常抱窮屈之意。此卦有心操貞正之義。常人多不貞節。所以是凶兆。離鄉背井之類凶。有綴釘之理，聲響之理，食物等之理。

> 變卦：初爻，坎為水。二爻，水雷屯。三爻，水天需。四爻，兌為澤。五爻，地澤臨。六爻，風澤中孚。

61.中孚

風澤中孚（110 011）真誠得助之象，孵蛋靜守之意。此卦乃誠之意。心中正直丁寧，便吉。心有邪念得此卦，大凶就在目前了。漸次得宜。身心有勞苦而包在內心之中。有親愛之意。初惡而末吉

之卦。詳細說時，恰如母雞暖著卵而孵化小雛之時節，是重要的時節，不疏忽而萬事誠實，守其分限，便有意化之援助，可得什大幸福。然一味把自己的才智去做事，就有料不到的失敗。中孚，是鶴鳴而子和之意。一隻鶴在天空高鳴，後來這子鶴也跟著高鳴。萬事用真心做去，便有同情呼應。略微有些障礙，也可以克服了，達到目的。分別判斷時：希望專心而不變的辦去，必能成就。錢財託人時，說明實情而正直做去，必能成就。開業就職因著自己念頭如何，可得意外的發展。婚姻萬事任尊長的人，隨他的意，大吉。生產辰日是男，酉日便產女。疾病非常的重，所以不可疏忽。那久病之人，更為擔心。候人由這裡通一消息去，辰日酉日可來。逃亡不很遠，由西方或辰巳（東南）方的人，很要好的照料著。失物在家內好好搜尋，必能出現。遷居旅行不妨，最要緊宜注意火災。旅行時中止的反來得好。訴訟談判是和解的有益。買賣守舊而不性急，便有利。市價雖很強，別無過分的高下。參考孚，信也，相應也。此卦本有實無虛，所以相感而百事吉。為著人會受苦。有隔著按物之意，有戀慕之意。相關之物必有善，有不善，宜詳察為是。天時，風。猜物，是頭尾細的東西。

變卦：初爻，風水渙。二爻，風雷益。三爻，風天小畜。四爻，天澤履。五爻，山澤損。六爻，水澤節。

62.小過

雷山小過（001 100）有虛無實之象，當前有險之意。此卦是眼見鳥飛，耳聞其聲，手不能取。照此意看來，萬事難成。雖無大禍，常多苦勞憂慮之義。有自己的身，不信任自己的心之意。凡欲十分圓滿，

不料又不足而難成。所以小事宜,而大事不宜。有與人中絕之意,又有相背之義。詳細說時,恰如聞鳥之鳴聲,出門一看,飛往山後不見了,很可惜的回家去時,門口有刀,一疏忽,就會傷足。是個極危險兆的時候。所以萬事宜鄭重做去。總之人容易被眼前的欲,與人家的甘言所欺,不知自身危險。一味迷於利,不管自己的事,人家的事,都想做去,起初不會懊悔,後來失敗了,悔也無益,還是預先預備的好。分別判斷時:希望似成而不成。錢財求人不成,斷念的好。開業就職業務上有意外的事,不可不注意。婚姻有苦情而不成。生產是安產。不注意時,產後便有不安。疾病意外的重症,且能延長。候人雖有信說要來,本人竟不來。逃亡躲在西或南或北,一時不會明白。失物在水邊。若是家內,可以去尋北方略微高的所在。遷居旅行住居的變動不吉。旅行在前途有病或失竊等事。訴訟談判延到極長久,後來不拘勝負,弄得厭了。買賣宜守舊,利少。市價有升的景象,後來會跌,秋天略微高些。參考陰為小,陽為大,此卦二陽四陰,是過小之義,離別之義,與人不利。常有氣悶之意,有忍之意。爭論宜慎。求財謀事之類,不宜太速。含有口舌。天時,雨。有文化之理,有寫殘之理。猜物,是有繩線的,長的,縛而集於一處的,細工的東西等。

變卦:初爻,雷火豐。二爻,雷風恆。三爻,雷地豫。四爻,地山謙。五爻,澤山咸。六爻,火山旅。

63.既濟

水火既濟(010 101)白花添霜之象,初吉終亂之意。此卦乃亂之始。雖一旦成就,仍會破壞,不可不慎。有渡口在舟得舟之理。

雖有遇吉事之義，若是今後的變卦，便不可疏忽怠慢，應當守其正。有色欲。有什麼都不得終結之意。詳細說時，恰如芙蓉的白花上，戴著霜，也不見得增它的白色，反被它弄得難看了。此卦的天運，不問善惡，現在一時停止著，若是去了一個又是一個，欲念無限，反容易遭禍。這種時候，即使以為是不足，也應當明白是十分了，什麼事都一時只宜守著。分別判斷時：希望似乎可成，竟不能成。錢財託人事，難成。強要做，也無宜。開業就職現在還不是時候，所以中止的好。婚姻略有障礙，要延長些。生產疾病以為是輕，一疏忽便延長。久病更難（痊癒）會快。候人消息可以從遠方來，但不合這裏的意思。逃亡不用擔心，是往南去的，不久即歸。失物目下尋，也無效。遷居旅行是吉方，移居也無妨。旅行亦吉。但商業上事，不能獲利。訴訟談判不如和解，在談笑中解決的得策。買賣守舊則略有利。新事都損。市價始跌後升。從秋天起，逐漸上升。參考既，盡也，終也。濟，通也，事遂也。又濟，止也。故有初吉終亂之意。百事都有衰兆。住居多禍。心中常抱困苦。有口舌爭論。天時，雨。猜物，是不中用的，組織極佳的，易破的東西等。

變卦：初爻，水山蹇。二爻，水天需。三爻，水雷屯。四爻，澤火革。五爻，地火明夷。六爻，風火家人。

64.未濟

火水未濟（101 010）曉光出海之象，花落結果之意。此乃事物成就之卦。事情還沒有做，但是從此以後，有開始之吉兆。胸中有了念頭，在將說出來，又未說出來之間，已經可以明白了。身心

有辛苦。有色情。女子有喜悅，男子有窮苦，後來頗佳。詳細說時，與一向不同，漸漸趨向吉方，但不太有進展。但是無論何人，總想早些遇到吉事，此乃人之常情，所以十分焦急，反多失敗。恰如小狐渡河之時，不知深淺，只是胡亂渡去，遂把尾巴弄濕，非常困難了。想早些達到目的，不料運氣還沒十分熟。萬事宜勿急急，以待時期到來。草木便有發芽，出蕾，開花，結實的順序。把它分別判斷時：希望雖成而遲。錢財託人時，前途正看著這裡的情形，急則不成，遲些便能成就。開業就職新事開始，須十分注意。婚姻是良緣，一時不能進行，但可以成就。生產安產，是女兒。疾病漸次向痊愈方面了，當不怠養生。候人有消息，但本人不來。逃亡往南方去，雖有消息，一時不歸。失物所在（地）可以明白，東西不能到手。遷居旅行遷居兇。旅行日數少便無妨，多則有禍。訴訟談判容易紛糾而周折。買賣買進有小利，賣出無利。市價有往來，後來會跌。冬天一般的會低落。參考上面（卦）的既濟，以止為主。此卦以始為主。大概似既濟，彼趨於凶，此向著吉。身心不安定而常有不足。天時，雨。猜物，是細小的，美麗的，易破的食物等。

變卦：初爻，火澤睽。二爻，火地晉。三爻，火風鼎。四爻，山水蒙。五爻，天水訟。六爻，雷水解。

結語：萊布尼茲
和《易經》八卦

　　萊布尼茲是何許人也，他就是計算機之父。讀完此文，你就知道當今的高科技同《易經》八卦的密切聯繫了。

　　萊布尼茲（1646～1716 年）德國數學家，哲學家，自然科學家。生於萊比錫，卒於漢諾威。他六歲喪父，但作為萊比錫大學倫理學教授的父親，在他的圖書館裏給他留下了豐富的藏書。可以推測，在不是以倫理為精髓的西方文化大本營歐洲的德國，傳授以倫理為精髓的東方文化的倫理教授的圖書館裡，一定少不了有關於東方文明的倫理道德乃至《易經》八卦等東方文化的中國書籍，據史料記載，萊布尼茲七歲時就得以到他父親的圖書館裡去博覽群書，從而「近水樓台先得月」為他今後的發明得到了啟蒙的知識和奠定了基礎。

　　加上他天資聰明，從小就學習用多種語言表達思想，並表現出超常的哲學天賦。十四歲時對邏輯學產生興趣，常提出自己的獨立見解。1661 年十五歲時就進入萊比錫大學學習法律，又曾到耶拿大學學習幾何，接觸了伽利略，培根，霍布斯，笛卡兒等人的科學和哲學思想。1666 年二十歲時，他在紐倫堡阿爾特多夫大學取得法學博士學位。他當時寫出的論文竟是以「組合的藝術」為命題，似乎與其法學專業毫不相干，其間卻含有較深的數理邏輯。

　　他後來還創辦了「中國學院」以專門研究《易經》八卦，也必然以這些圖書館中的中國書籍等豐富資料做為依靠，從而全身心地投入到對《易經》八卦的研究。在以上的一系列推測中，我們用他給他的友人德雷蒙的一封信做為實物證據，信中說：「當他見到古老的《易經》八卦時，他很驚嘆」的表述，由此可以確定在他父親的圖書館裡一定有《易經》八卦書籍，才能讓他得以在信中稱為「見

到」。因此在上述他的成長過程中，他一直能夠隨時隨地，親眼目睹而直接得到《易經》八卦的薰陶和影響。

他曾經製作了一台能作乘法的計算機器，是繼帕斯卡「加法器」（1642 年）之後，計算工具的又一進步。而這台計算機就是率先使用的，而且今天仍然在使用的，二進制基本輸入程序。1673 年二十七歲在他出訪倫敦時，他把這台機器獻給了英國皇家學會，還曾送一台複製品給當時中國的康熙皇帝，可惜目前在故宮已找不到這台機器，但是其中所包含的回報感恩之意不言自明。

另外，萊布尼茲發明的二進制雖然不能講有「剽竊」之嫌，但它完全是《易經》八卦的翻版。他是以 1 代表陽，以 0 代表陰，所謂二進制系統就是 000，001，010，011，100，101，110，111 八種形式，正是《易經》中的，形式坤，震，坎，兌，艮，離，巽，乾八個卦的符號形式。而所謂二進制，或者講今天人們還不知道《易經》八卦陰陽爻的排列，就是當今電子計算機的運算程序。再說萊布尼茲發明的微積分，其原理簡而言之就是：「化整為零」，即化不規則的整體，成為有規則的零頭，從而按疊加規則的零頭去認知不規則的整體。這個思路，同《易經》八卦的變爻，即「六爻變化」的原理也一模一樣，《易經》八卦就是「把人和事的不確定性整體，化整為零，形成六個層次的確定性的組合，從而得到對不確定性的全面認定」，微積分就是萊布尼茲把《易經》八卦的根本原理在數學領域裏的的的成功應用，甚至於萊布尼茲在微積分裏採用的積分符號也是直接照搬太極圖中的「S」型線條，並且一直沿用至今。

綜上所述，「計算機之父」萊布尼茲的一生成就都沒有離開《易經》八卦的直接影響，他是把《易經》八卦的原理得以應用於近代

實踐的最偉大的實踐者。所以，《易經》八卦同當今以電腦為代表的高科技，以及高等數學微積分的傳承關係和不解之緣，並不是牽強附會，強拉硬拽，而只是在中國人沒有能夠「近水樓臺先得月」地去研究發展它時，萊布尼茲捷足先登的去研究發展它了，由此可見《易經》八卦是名正言順的全人類的文化瑰寶，也可見其深邃的神奇力量。

最後把被很多人「不屑一顧」，甚至「嗤之以鼻的」命理五要素解讀如下：命理五要素就是統稱的「一命，二運，三風水，四積德，五讀書」。一命就是先天因素，二運就是後天因素，風水就是外因條件，積德就是內因修養，讀書就是增加知識。簡稱：一命先天造，二運後天道，風水是外因，積德內因好，讀書增知識，人生任逍遙。所以，人生命理須完美，一命二運三風水，四是積德五讀書，命理理理不偏廢。

> 一命本是先天造，先天烙印來定位，
> 尤如指紋各相異，四柱八字細分類。
> 二運信息不固定，統計歸納探其規，
> 八卦易數源遠長，化整為零誤差微。
> 三是外因看風水，後天規律不違背，
> 順天順地順自然，共融共生萬萬歲。
> 四要積德是內因，心靈陶冶最珍貴，
> 愛人愛己愛生命，倫理道德最光輝。
> 五要讀書是明理，各類知識胸中匯，
> 知己知彼知天地，天人合一終無悔。

作者簡歷

　　段建華，男，生於一九四七年七月二十日，籍貫中國南京，家居單門獨院，恰庭院皆由青石碑刻鋪地，自小在其上玩耍，在碑刻字裡行間塗描構畫，耳濡目染於文字之姿態造型，潛移默化於碑文之詞句涵義。父母除為我起了大，小兩個名字外，還按我明顯的天賦起了個外號叫「撒戶」，就是天生愛撒卸東西，其中不無有《易經》「化整為零」原理的暗喻。

　　三歲時，就由家父手把手地學寫毛筆字。五歲就讀於南京市三條巷小學，朦朦朧朧，跌跌爬爬，於一九六五年高中畢業於南京市第十二中學，其間，雖先後留級兩年，當時卻是班上年齡最小，成績最好的畢業生。雖然父母當時是被稱作「雙料貨」的階級敵人，但是仍然報考知名軍事院校，因此，不被錄取則理所當然。

　　此時，由於家兄已下放農村當插隊知青在先，一九六五年十二月被照顧分配到建築公司學瓦工。從此，無畏苦、髒、累，一幹就是十五年，其間不僅取得了南京地區瓦工比賽第一名，而且於一九七〇年翻閱大量歷史檔案，成功雕塑南京朝天宮古建築崇聖殿屋頂龍頭，獸頭等造型，現在回顧，無怨無悔。

　　這些年來，外練筋骨皮，內修無常師，惟尊一個字，就是「學」。不過，在那個時代，只能是自學、默學、不失時機地學。好在家居南京夫子廟古書籍大市場附近，每日穿行其間，四書五經皆讀，真草隸篆全學，戲曲曲藝都聽，工藝民俗也愛……。更偏好《易經》八卦，諸多中國傳統文化元素陶冶薰陶，推崇效仿。

　　在一九八〇年後被升遷為工程技術人員直至工程師。所經手營造的各類建築工程，全部品質優良外，並特別傾心於專研古建築和

寺廟建造、維修，南京的靈谷寺、棲霞寺、雞鳴寺、毗盧司、泰山寺等寺廟都有我的心血。

一九八五年就讀於南京建築工程學院，一九八七年留學於日本，專門研究東方建築、風水、環境及其源頭《易經》，至此，腦海中的雜亂無章的中國傳統文化元素開始梳理整合，並以《易經》為中心，在建築、書法、易學、風水等我的社會生活接觸面的內容中深化、探索、自悟。

一九九二年任中國駐非洲烏干達國大使館工程專家工程師。二〇〇三年退休後至美國洛杉磯，在這塊臥虎藏龍的多元文化的特區，有幸參與許多文化學術學會，擇其善者而從之，其不善者而改之，走出《易經》看訣竅，不恥把論文拙作，不時交流求教，教學相長，至今多年，受益匪淺。使《易經》成為不是為我擺設的觀念模式，而是內在於我的行動的箴言體系。

語言文學類　PG0553

易經今說

作　　者 / 段建華
責任編輯 / 孫偉迪
圖文排版 / 陳宛鈴
封面設計 / 陳佩蓉

發 行 人 / 宋政坤
法律顧問 / 毛國樑　律師
出版發行 / 秀威資訊科技股份有限公司
　　　　　114 台北市內湖區瑞光路 76 巷 65 號 1 樓
　　　　　電話：+886-2-2796-3638　傳真：+886-2-2796-1377
　　　　　http://www.showwe.com.tw
劃撥帳號 / 19563868　戶名：秀威資訊科技股份有限公司
　　　　　讀者服務信箱：service@showwe.com.tw
展售門市 / 國家書店（松江門市）
　　　　　104 台北市中山區松江路 209 號 1 樓
　　　　　電話：+886-2-2518-0207　傳真：+886-2-2518-0778
網路訂購 / 秀威網路書店：http://www.bodbooks.com.tw
　　　　　國家網路書店：http://www.govbooks.com.tw

2011 年 6 月 BOD 一版
定價：180 元

國家圖書館出版品預行編目

易經今說 / 段建華著. -- 一版. -- 臺北市 ：秀威
資訊科技, 2011.06
　　面 ；　　公分. -- (語言文學類 ; PG0553)
BOD 版
ISBN 978-986-221-744-3(平裝)

1. 易經　　2. 研究考訂

121.17　　　　　　　　　　　100006459

讀 者 回 函 卡

感謝您購買本書，為提升服務品質，請填妥以下資料，將讀者回函卡直接寄回或傳真本公司，收到您的寶貴意見後，我們會收藏記錄及檢討，謝謝！如您需要了解本公司最新出版書目、購書優惠或企劃活動，歡迎您上網查詢或下載相關資料：http:// www.showwe.com.tw

您購買的書名：_____

出生日期：_____年_____月_____日

學歷：□高中 (含) 以下　　□大專　　□研究所 (含) 以上

職業：□製造業　□金融業　□資訊業　□軍警　□傳播業　□自由業
　　　□服務業　□公務員　□教職　　□學生　□家管　□其它____

購書地點：□網路書店　□實體書店　□書展　□郵購　□贈閱　□其他

您從何得知本書的消息？

　　□網路書店　□實體書店　□網路搜尋　□電子報　□書訊　□雜誌

　　□傳播媒體　□親友推薦　□網站推薦　□部落格　□其他_____

您對本書的評價：(請填代號　1.非常滿意　2.滿意　3.尚可　4.再改進)

　　封面設計____　版面編排____　內容____　文／譯筆____　價格____

讀完書後您覺得：

　　□很有收穫　□有收穫　□收穫不多　□沒收穫

對我們的建議：_____

_____

_____

_____

11466
台北市內湖區瑞光路 76 巷 65 號 1 樓

秀威資訊科技股份有限公司　　　收

BOD 數位出版事業部

....

（請沿線對折寄回，謝謝！）

姓　　名：_____　年齡：_____　性別：□女　□男

郵遞區號：□□□□□

地　　址：_____

聯絡電話：(日) _____　(夜) _____

E-mail：_____